Marco Banholzer

Tore, Milo & Lars -
Neue Abenteuer auf Burg Guttenberg

Marco Banholzer

Tore, Milo & Lars - Neue Abenteuer auf Burg Guttenberg

www.tore-milo-lars.de

Bibliografische Information der Deutschen Nationalbibliothek

Die Deutsche Nationalbibliothek verzeichnet diese Publikation
in der Deutschen Nationalbibliografie; detaillierte bibliografische Daten sind im Internet über http://dnb.d-nb.de abrufbar.

4. Auflage 2011
Herstellung und Verlag: Books on Demand GmbH, Norderstedt

ISBN: 978-3-839119389

Inhaltsverzeichnis

Falken auf Burg Guttenberg

Die Bremsen quietschten, als die rote S-Bahn im Neckarelzer Bahnhof langsam zum Stehen kam. Tore und Milo waren längst aufgestanden und hatten ihre Koffer gerichtet, damit sie schneller aussteigen konnten. Schon blieb der Zug stehen und die beiden Brüder packten sämtliche Koffer, Rucksäcke und Taschen zusammen und huschten zum Ausstieg.

Draußen erwartete sie Lars, ihr Cousin, mit dem sie in den vergangenen Ferien ein wunderschönes Abenteuer erlebt hatten. Neben ihm stand Onkel Albert und lächelte, als er seine beiden Neffen im Gewühl der Menschen entdeckte.

„Hier rüber", rief er und winkte mit seinen kräftigen Armen, „hier stehen wir".

Mühsam schleppten Tore und Milo ihr Gepäck aus der Unterführung die Treppe hoch und stellten die schweren Koffer schnaufend vor Onkel Albert ab.

„Hallo", keuchten Tore und Milo fast gleichzeitig.

„Na, ihr Zwei, hattet ihr eine gute Fahrt?", fragte Onkel Albert und streckte ihnen zur Begrüßung die Hand entgegen.

„Es war anstrengend wie immer", stöhnte Milo.

„Zum Glück sind wir diesmal über Mannheim gefahren", schnaufte Tore, „da mussten wir nur einmal umsteigen".

Inzwischen hatte Onkel Albert die Koffer geschnappt und die gesamte Mannschaft war auf dem Weg zum Auto. Erleichtert ließen sich Tore und Milo auf dem Rücksitz nieder und streckten ihre müden Füße aus. Onkel Albert verstaute unter großer Mithilfe seines Sohnes Lars alles sorgfältig im Kofferraum, setzte sich ans Steuer und lenkte den Wagen sicher auf Schloss Neuburg.

„Ihr habt wieder euer altes Zimmer", erklärte Onkel Albert, als sie das Schloss erreicht hatten, „Tante Thea hat für euch ihren berühmten Apfelkuchen gebacken und erwartet euch im Esszimmer. Schnauft erstmal richtig durch. Lars und ich bringen eure Sachen nach oben."

Das ließen sich Tore und Milo nicht zweimal sagen. Sie stiegen die breite Steintreppe hoch zum

Haupteingang. Den Weg zum Esszimmer kannten sie von ihrem letzten Besuch und so liefen sie zielstrebig durch das Schloss. In einer weißen Kittelschürze war Tante Thea gerade dabei den Kuchen aufzuschneiden und die Teller zu richten.

„Hallo Tante Thea", begrüßten sie die Jungs.

„Ach hallo", drehte sich Tante Thea erschrocken um, „ich habe euch gar nicht gehört. Wie geht es euch?"

„Gut", versicherten die Brüder.

„Ich habe leckeren Kuchen gebacken. Ihr habt doch Hunger?", fragte sie.

„Aber natürlich", nickte Milo, „auf deinen Apfelkuchen immer."

Die Kinder nahmen Platz und Tante Thea deckte den Tisch zu Ende. Bald kamen auch Lars und Onkel Albert und alle konnten zusammen Tante Theas herrlichen Kuchen genießen.

„Ihr seid zwar eben erst angekommen", schmatzte Onkel Albert, „aber heute Nachmittag ist auf Burg Guttenberg in Neckarmühlbach eine Sonder-Flugschau. Hättet ihr nicht Lust euch das anzuschauen?"

„Warum nicht?", nickte Tore, „Burg Guttenberg wollten wir ohnehin einmal besuchen und unsere Gutscheine einlösen."

„Wie lange haben wir Zeit bis dahin?", fragte Milo.

„Jetzt ist es kurz nach Elf", überlegte Onkel Albert mit einem Blick auf die Uhr, „die Schau beginnt um Drei. Das reicht, euch ein bisschen auszuruhen, das Schloss zu erkunden und für das Mittagessen ist auch noch Zeit."

Tore und Milo schauten Lars an und alle drei nickten sich freudig zu.

„Das machen wir", sagte Lars.

„Ist euch das nicht zu viel?", sorgte sich Tante Thea, „ihr seid doch eben erst angekommen und bestimmt ziemlich müde."

„Ach Thea", lachte Onkel Albert, „das sind zwei stramme Burschen, die haut so schnell nichts um. Zwar haben ihre Arme vorhin schlapp gemacht, aber in dem Alter kommt die Energie schnell zurück."

„Was ist das für eine Sonderschau?", wollte Milo wissen.

„Die Burg hat einen neuen Falkner bekommen...", erklärte Onkel Albert.

„...einen neuen Falkner? Was ist das?", fragte Milo neugierig.

„Auf Burg Guttenberg ist eine Greifenwarte. Dort werden allerhand Greifvögel gezüchtet, aufgezogen und ausgewildert. Auch verletzte und kranke Vögel werden dort gesund gepflegt. Das alles ist die Aufgabe eines Falkners. Heute Mittag wird der neue Falkner vorgestellt und dazu kommen Vögel ins Programm, die man sonst nicht zu sehen bekommt."

„Und was passiert bei so einer Flugschau?", fragte Tore.

„Bei der Flugschau dürfen die Zuschauer dem täglichen Trainingsprogramm der Vögel zusehen und bekommen nebenbei ein paar interessante Informationen über die Vögel erzählt. Bevor die Vögel ausgewildert werden, müssen sie lernen, sich ihr Futter selbst zu jagen. Das wird in diesen Flugshows trainiert. Man hofft, damit das Verständnis für diese wertvollen Vögel zu schärfen und sie vor dem Aussterben zu bewahren."

„Das klingt sehr interessant", meinte Tore, „da müssen wir unbedingt hin."

„Dann ruht euch bis dahin ein bisschen aus", empfahl Tante Thea.

„Machen wir", versicherte Milo und die drei Jungs verschwanden aus dem Esszimmer.

Die Stunden bis zum Nachmittag vergingen sehr schnell und noch bevor Tore, Milo und Lars alles erkundet und besprochen hatten, rief sie Onkel Albert zur Abfahrt.

„Ich habe mit Baron von Brauneck gesprochen", erklärte Onkel Albert, „er ist in den letzten beiden Jahren ein guter Bekannter von uns geworden. Er hat mir versprochen, dass ihr mit ihm nach der Flugschau seine Burg erkunden dürft. Da wird er euch alles zeigen und vielleicht könnt ihr euch mit dem neuen Falkner einmal unterhalten."

„Gibt es auf Burg Guttenberg auch so viele Geheimnisse wie auf Schloss Neuburg?", grinste Tore.

„Nein", antwortete Tante Thea hastig, „es gibt garantiert keinen Anlass für irgendein Abenteuer. Denkt daran, ihr habt eurer Mutter versprochen: in diesen Ferien keine Abenteuer."

Tore und Milo lachten und Lars grinste verschmitzt.

„So Jungs, wir müssen los", drängte Onkel Albert, „steigt schon mal ein, ich komme gleich."

Die Fahrt nach Neckarmühlbach führte von Obrigheim über Haßmersheim immer direkt am Neckar entlang. Schon von weitem konnte man die Burg sehen, die majestätisch auf einer Bergkuppe thronte. Tore und Milo waren überrascht, dass die Burg so gut erhalten war und nicht aus Ruinen bestand. Onkel Albert steuerte den Wagen eine schmale kurvenreiche Straße hinauf. Schon hier wiesen Schilder darauf hin, dass man auf freifliegende Vögel aufpassen sollte. Unterhalb der Burg wurde der Weg enger und führte an den Burgmauern entlang zu einem Parkplatz. Von hier aus gelangte man durch ein großes Tor in die Burg. Erstaunt stiegen die Kinder aus und betrachteten die wunderschöne Burg. Immer wieder hörte man verschiedene Greifvögel schreien. Onkel Albert führte die Kinder in die Burganlage. Links erhoben sich dicke Burgmauern und rechts des Weges war eine große Wiese. Schautafeln erklärten die Burg-Geschichte, die für Tore, Milo und Lars jedoch in diesem Moment uninteressant war. Ein paar Meter weiter konnten die Kinder in die Burganlage schauen und entdeckten viele Vogelgehege, in denen die schönsten und prachtvollsten Greifvögel saßen. Am Kassenhäuschen vorbei führte der Weg über eine kurze Brücke direkt in die Burg. Während man zum Burghof weiter geradeaus laufen musste, gelangte man zur Flugschau durch eine schmale Tür rechts hinunter. Dort war unterhalb der Burg eine Arena aufgebaut. Sitzreihen gab es zu beiden Seiten einer kleinen Wiese, auf der bereits verschiedene Greifvögel auf speziellen Hockern saßen. Baron von Brauneck begrüßte Onkel Albert und die Kinder und zeigte ihnen ihren Sitzplatz. Die Kinder vergaßen fast zu atmen, so spannend war das alles für sie. Kaum hatten sie Platz genommen, ging es schon los. Der Baron führte das Publikum kurz in die Flugschau ein und übergab dann das Mikrofon an den neuen Falkner André, den er willkommen hieß und kurz vorstellte.

Tore, Milo und Lars verfolgten gespannt die Flugschau und zogen hin und wieder die Köpfe ein, als die großen Adler mit ihren breiten Schwingen über sie hinweg glitten. Ärgerlich fanden sie nur, dass zwei junge Männer, die direkt vor ihnen saßen, immer wieder zu tuscheln und zu reden hatten und offensichtlich überhaupt kein Interesse an der Flugschau hatten. Dennoch fotografierten sie ständig und versperrten damit den Kindern den Blick.

„Das ist doch nur unverschämt", schimpfte Lars, „dann sollen sie doch zuhause bleiben, wenn sie die Flugschau nicht interessiert."

„Da schon wieder", regte sich Tore auf, „die nerven mit ihrer Knipserei."

„Und jetzt meine Damen und Herren, liebe Kinder", verkündete der Falkner stolz, „kommen wir zum heutigen Höhepunkt der Schau. Sheila, unser wertvollstes Falkenmädchen. Sie wurde hier auf der Burg geboren und aufgezogen. Deshalb ist sie zutraulich wie kein anderer Vogel auf Burg Guttenberg. Sehen Sie sich diesen Prachtvogel genau an, er wird nur heute an der Flugschau teilnehmen.

Eugen von Brauneck wird ihn persönlich vorführen."

Eugen von Brauneck, ein hagerer kleiner Junge mit dunkelbraunem kurzem Haar, betrat die Arena. Lustige Sommersprossen waren überall auf seinem Gesicht verteilt. An seinem rechten Arm trug er einen Falknerhandschuh, auf dem ein Prachtexemplar von einem Falken saß. Ein bunter schillernder Vogel, der eher an einen Papageien als an einen Falken erinnerte. Der Falkner erklärte dem staunenden Publikum, dass es sich bei dem Vogel um einen Buntfalken handelte, der sehr wertvoll sei, da er vom Aussterben bedroht ist. In Deutschland, so erklärte der Falkner weiter, sei Sheila mittlerweile das einzige Exemplar eines Buntfalken. Tore, Milo und Lars staunten über die Schönheit des Tieres und beneideten Eugen um diesen wunderschönen Vogel. Leider konnten sie nicht viel von dem Vogel sehen, da die beiden Männer vor ihnen eifriger als je zuvor damit beschäftigt waren, ihre Fotoapparate zu quälen.

„Mann, das ist unverschämt", jaulte Lars und versuchte einen weiteren Blick auf Sheila zu erhaschen.

„Können Sie das nicht mal lassen", wagte Tore die Männer anzumeckern.

Einer der Männer drehte sich um und gab den drei Jungen unmissverständlich zu verstehen, dass sie ihre Klappe halten sollten. Er hatte ein finsteres Gesicht mit einem Oberlippenbart und auf der Nase prangte eine große Warze. Allein sein fieser Blick jagte den Kindern Furcht ein.

Inzwischen zeigte Eugen von Brauneck dem staunenden Publikum Kunststücke, die er mit Sheila einstudiert hatte. Sheila hatte sich auf die Burgmauer gesetzt, während Eugen ein totes Küken in der Hand hielt. Mit einem gekonnten Sturzflug sauste Sheila von der Burgmauer steil hinunter, schnappte sich mit seinen Krallen das Küken aus Eugens Hand und setzte seinen Flug fort, ehe er auf einem Mauervorsprung landete und dort genüsslich das Küken verspeiste. Die Leute klatschten und johlten. Die beiden Männer vor Tore, Milo und Lars waren endlich mit ihrer Knipserei fertig, packten hektisch ihre Sachen zusammen und verließen, sehr zur Freude der drei Freunde, lange vor Ende der Vorstellung die Arena. Tore, Milo und Lars atmeten auf und konnten so wenigstens den Rest der Flugschau in Ruhe anschauen.

Gefahr für die Burg

Wie von Onkel Albert versprochen, erwartete Baron von Brauneck die Kinder nach der Vorstellung. An der Burgmauer entlang, hinter der sich die Flugschau abgespielt hatte, begleitete der Baron die Kinder auf einem spiralförmigen Weg in den Innenhof der Burg. Noch einmal mussten sie durch einen hohen Torbogen, der den Innenbereich der Burg vor Eindringlingen schützen sollte. Im Innenhof strömten bereits viele Besucher in das rechte Gebäude, in dem das Burgmuseum untergebracht war. Mit dem Hinweis, das Museum später besichtigen zu können, ging der Baron mit den Kindern und Onkel Albert in das Gebäude auf der linken Seite. Steinerne breite Treppenstufen führten vorbei an zahlreichen Rüstungen nach oben. Staunend folgten die Kinder. Im obersten Stock angekommen brachte Baron von Brauneck seine Besucher in das riesige Wohnzimmer und bat sie, an einer langen Tafel Platz zu nehmen. Tore, Milo und Lars schauten sich in dem großen Saal um und bewunderten zahlreiche Trophäen, wunderschöne Gemälde und unendlich viele Waffen, die an die Ritterzeit erinnerten.

„Burg Guttenberg ist sehr gut erhalten", staunte Lars.

„Das ist richtig, junger Mann", entgegnete der Baron, „obwohl die Burg aus dem 12. Jahrhundert stammt, wurde sie in zahlreichen Kriegen nie zerstört. Sicherlich lag das auch daran, weil die Burg schon immer bewohnt war und somit von den Bewohnern scharf bewacht und beschützt wurde."

Die drei Jungs hörten gespannt zu, was der Baron zu erzählen hatte.

„Wenn ihr Lust habt, zeige ich euch einmal die Burg", schlug er vor, „aber erst, wenn die ganzen Touristen verschwunden sind. Dann haben wir mehr Ruhe."

Tore, Milo und Lars nickten zustimmend. In diesem Moment knallte mit einem lauten Rumms die Haustüre unten zu. Wie ein herannahendes Gewitter jagte der Knall durch die Burg.

„Eugen kommt zurück", sagte der Baron, „ihr kennt ihn ja von der Flugschau. Er wird sich freuen, euch zu sehen."

Die Freude Eugens hielt sich in Grenzen. Er trat ins Wohnzimmer, nickte nur seinem Vater kurz zu und verschwand wieder in dem langen, hohen Flur.

„Macht euch nichts daraus", versicherte der Baron, „in solchen Situationen ist Eugen immer äußerst schüchtern."

„Wir werden bald gehen müssen", Onkel Albert schaute auf seine Uhr, „ich erwarte heute Abend neue Gäste."

„Und was ist mit der Besichtigung?", jammerte Lars.

„Die läuft euch schon nicht weg", beruhigte Onkel Albert, „ihr habt noch lange genug Ferien."

„Ihr könnt auch gerne einmal hier übernachten, wenn ihr Lust habt", schlug der Baron vor.

„Das wäre prima", freute sich Milo und bekam von seinem Bruder und seinem Cousin Zustimmung.

„Wenn du nichts dagegen hast, Albert?", meinte Baron von Brauneck.

„Was soll ich dagegen haben?", schüttelte Onkel Albert den Kopf, „wir haben ein volles Haus und sowieso wenig Zeit."

Die Kinder waren überglücklich. Ferien auf Burg Guttenberg, auf einer richtigen Ritterburg. Das musste unheimlich spannend sein. Doch gab es jemanden, der von der Idee nicht besonders begeistert war: Tante Thea. Sie fiel aus allen Wolken, als Onkel Albert ihr die Geschichte präsentierte. Doch das volle Hotel und die Tatsache, dass weder sie noch Onkel Albert Zeit für die Kinder haben würden, überzeugte schließlich auch sie. Onkel Albert versicherte, dass die Kinder bei Baron von Brauneck in guten Händen seien. Auf Schloss Neuburg würden die Jungs nur auf dumme Gedanken kommen, wenn sie zu viel Freiheit hätten.

Schon zwei Tage später konnte Onkel Albert seine beiden Neffen und seinen Sohn nach Neckarmühlbach auf Burg Guttenberg bringen. Baron von Brauneck hieß die Kinder herzlich willkommen und kümmerte sich rührend um sie. Eugen hatte sich vorerst nicht blicken lassen. Tore, Milo und Lars ignorierten Eugens Verhalten und beschäftigten sich alleine. Schließlich gab es auf der Burg jede Menge zu entdecken. Baron von Brauneck führte seine Gäste zuerst in das Museumsgebäude. Ein paar steinerne Stufen führten in einen kurzen Flur. Rechts war eine dünne Glasvitrine angebracht, aus der sich Touristen mit Souvenirs versorgen konnten. Auf der linken Seite des Flurs war der Kassenbereich hinter einer Glasscheibe aufgebaut. Direkt gegenüber der Kasse führten Steinstufen in einen kleinen Raum hinunter, in dem ein finsterer Ritter auf seinem Pferd saß. Baron von Brauneck betätigte einen Schalter und schon schallte durch den Raum das Schnauben und das Hufklappern des Pferdes. Die drei Kinder erschraken und waren neugierig zugleich. In einer Vitrine zu ihrer Linken stand ein Ritter in voller Rüstung und direkt neben ihm war die Burg in einer Kriegsszene dargestellt. Tore, Milo und Lars betrachteten lange die Ausstellungsstücke, bevor sie der Baron wieder aus dem Raum führte. Dutzende Steinplatten, die spiralförmig aufeinanderlagen bildeten eine steile Wendeltreppe. Stockwerk für Stockwerk erklommen die drei Kinder das Museum der Burg und entdeckten zahllose interessante Dinge. Milo war besonders von einem Plumpsklo angetan, dessen Benutzung er sich ger-ne ersparen wollte. Tore und Lars begeisterten sich für die Folterkammer und einen wunderschönen Altar. Im obersten Stockwerk angekommen, führte der Weg an der Burgmauer entlang zum Bergfried. Schon jetzt waren sie sehr hoch über dem Burghof und das Auto des Barons sah sehr klein aus.

„Hier hinein, meine Herren", führte sie der Baron in den Bergfried.

Tore, Milo und Lars folgten mit Begeisterung. Alles war sehr spannend. Ihnen entging nicht, dass Eugen ihnen heimlich folgte. Warum er sich vor ihnen versteckte, blieb ihnen ein Rätsel. Doch bevor sie darüber nachdenken konnten, führte sie der Baron über steile Treppen im Inneren des Bergfrieds nach oben.

„Das besondere an unserem Bergfried ist, dass er innen hohl ist", erklärte der Baron, „früher verstaute man in diesen Hohlräumen Waffen und Wurfgeschosse, mit denen man die Angreifer abwehrte. Ein Eingang in diesen Hohlraum führte irgendwo von hier oben hinein, doch niemand hat ihn bis heute gefunden. Man entdeckte nur ein sogenanntes Angstloch, durch das in Kriegszeiten Gefangene in die Hohlräume hinabgelassen wurden. Geheime Ausgänge gibt es hingegen schon."

Die Treppen wurden steiler und immer wieder wurde der Aufgang durch eine Plattform unterbrochen. Von der letzten Plattform aus führte eine schmale Holztreppe hinauf auf die Spitze des Bergfrieds. Baron von Brauneck musste sich ducken, um sich nicht den Kopf an dem dicken Gemäuer anzuschlagen. Tore, Milo und Lars folgten dem Baron hinaus ins Freie. Lars konnte beobachten, dass sich Eugen auf der letzten Plattform unter ihnen versteckt hielt.

Vom Bergfried aus hatte man eine herrliche Aussicht über das gesamte Neckartal. Ein kühler Wind wehte den Kindern um die Ohren, als sie sich auf dem Turm zu allen Seiten hin umsahen. Der Neckar sah von hier aus wie ein kleines Rinnsal und die Schiffe darauf wie Spielzeug.

„Jetzt ist mir fast klar, warum die Burg niemals zerstört wurde", überlegte Lars, „von hier oben sieht man wirklich alles und damit auch jeden Feind."

Baron von Brauneck nickte zustimmend und empfahl, wieder hinunterzusteigen. Eugen blieb auf Distanz, war aber neugierig genug, das Treiben genau zu verfolgen. Der Baron führte die jungen

Gäste in den privaten Flügel der Burg zurück und zeigte ihnen das Zimmer, das er für sie herrichten ließ. Es befand sich direkt über dem Tor zum Innenhof der Burg. Auf beiden Seiten des Zimmers waren große Fenster, durch die man auf der einen Seite den gesamten Burghof und auf der anderen Seite nur sehr wenig sehen konnte. Da direkt vor dem hohen Gemäuer ein großer Baum stand, der Weg in einer großen Kurve aus dem Innenhof führte und dieser auch auf der Gegenseite von dicken Mauern geschützt war, konnte man hier nicht viel sehen. Tore, Milo und Lars wollten gerade vom Fenster weggehen, als ein Polizeiwagen den Kieselweg hinauffuhr. Laut klackerten die Steine unter den Reifen und die Kinder sahen sich überrascht an. Schnell wechselten sie zum gegenüberliegenden Fenster und konnten beobachten, wie zwei Polizisten ausstiegen und auf die schwere hölzerne Tür zuliefen, die in den privaten Bereich der Burg führte. Schon klingelte schrill eine Glocke und Baron von Brauneck verabschiedete sich.

Tore, Milo und Lars machten sich nicht weiter Gedanken um das Geschehen und verstauten ihre Sachen. Da das Zimmer direkt über dem Eingangstor lag, war es zwar lang aber nicht sonderlich breit. Gegenüber der Zimmertür stand ein uralter

Schrank. Er war so alt, dass die Kinder nicht sicher waren, ob er zusammenfallen würde, wenn sie ihn öffneten. Die drei Betten, in denen sie schlafen sollten, standen in Reih und Glied der Länge nach hintereinander an der Wand. Tore wollte unbedingt das Bett haben, das direkt unter dem Fenster stand. Obwohl es draußen ziemlich heiß war, war es in dem von Steinmauern umgebenen Zimmer angenehm kühl. Vorsichtshalber richteten sich alle drei Jungs eine warme Decke auf ihrem Bett, falls es in der Nacht doch zu kalt würde. Milo hatte Sorge, nicht einschlafen zu können, weil durch die Fenster ohne Vorhänge oder Rollläden zu viel Licht ins Zimmer scheinen konnte. Tore und Lars schmunzelten nur, stellten ihre Taschenlampen auf den kleinen Regalbrettern über den Betten bereit und flunkerten, dass sie bei den vielen Gespenstern auf der Burg ohnehin nicht schlafen könnten.

„Was wohl dieser Eugen macht?", fragte Tore.

„Ich habe ihn vorhin gesehen, als er gerade in sein Zimmer verschwunden ist", meinte Lars, „er hat sich sehr viel Zeit dabei gelassen und uns genau beobachtet."

„Ob er uns seinen Falken mal genauer zeigt?",
meinte Milo.

„So wie der uns anschaut und ignoriert, wird er
uns wahrscheinlich nicht einmal sein Gesicht zeigen", witzelte Lars.

„Der glaubt wohl, etwas Besonderes zu sein, so
wie der sich verhält", sagte Tore.

„Wenn er uns nicht leiden kann, soll er es eben
bleiben lassen", überlegte Milo, „wir kommen
auch ohne ihn zurecht."

„Was wohl die Polizei hier will?", fragte Tore und
wagte von seinem Bett aus einen Blick in den Innenhof, in dem noch immer der Polizeiwagen
stand.

„Baron von Brauneck wird es uns bestimmt später
sagen", antwortete Lars.

Im gleichen Moment hörte man im Innenhof
Schritte und die drei Jungen konnten beobachten,
wie die beiden Polizisten wieder in ihren Wagen
stiegen, ihn wendeten und langsam über den
Kiesweg aus der Burg fuhren.

„Vielleicht sollten wir ein bisschen das Gelände erkunden?", schlug Tore vor.

„Das ist eine gute Idee. Der Baron wird jetzt bestimmt beschäftigt sein", überlegte Lars, „er wird uns informieren, wenn etwas passiert ist."

Die drei Jungen schlüpften in ihre Sandalen, schlenderten aus dem Zimmer und liefen den langen Flur entlang. Von Eugen war weit und breit nichts zu sehen. Als sie am Wohnzimmer der Braunecks vorbeikamen, hörten sie Stimmen. Vorsichtig klopfte Lars an die Tür und der Baron bat sie herein.

„Entschuldigen Sie die Störung", sagte Lars höflich, „wir wollten nur mitteilen, dass wir uns noch ein wenig auf der Burg umsehen, wenn Sie nichts dagegen haben."

Baron von Brauneck wirkte nervös und schien die Kinder gar nicht richtig wahrzunehmen.

„Kommt doch bitte einmal herein und setzt euch", forderte er die Kinder auf.

„Ist etwas passiert?", fragte Milo erschrocken.

„Nein, keine Angst", versicherte der Baron, „setzt euch."

Tore, Milo und Lars nahmen auf einem breiten Sofa Platz. Neben ihnen auf dem Sessel saß Baronin von Brauneck. Sie nickte ihnen zu, begrüßte die Kinder mit einem kurzen Handschlag und setzte sich wieder in ihren Sessel. Als würde man ihnen die Köpfe herunter machen, saßen die drei Jungen völlig ruhig da. Baron von Brauneck schlich nervös im Zimmer umher und goss sich an der großen Tafel ein Glas Wasser ein. Dann stellte er sich vor die Kinder, die mucksmäuschenstill auf dem Sofa kauerten.

„Ihr habt sicherlich bemerkt, dass die Polizei gerade bei uns war", legte der Baron los, „es gibt sicherlich keinen Grund zur Beunruhigung, doch die Polizisten haben uns gewarnt. Eine osteuropäische Bande soll sich hier in der Gegend aufhalten und es auf wertvolle Schätze abgesehen haben. Burg Guttenberg scheint auf ihrer Liste zu stehen."

Die Kinder schauten den Baron gespannt an.

„Ihr braucht euch keine Sorgen zu machen. Ich möchte nur, dass ihr aufpasst. Und wenn euch etwas Ungewöhnliches auffällt, meldet es mir. Die

Burg hat jahrhundertelang jedem Eindringling standgehalten, dennoch sollten wir alle vorsichtig sein. Sicherheitshalber werde ich so schnell wie möglich weitere Alarmanlagen installieren lassen. Falls es euch doch zu gefährlich werden sollte, müsst ihr es sagen. Notfalls könnt ihr auch zu einem anderen Zeitpunkt hier übernachten."

Man merkte dem Baron an, dass ihm diese Sache nicht leichtfiel. Er wollte den Kindern nicht unnötig Angst machen, fand es aber notwendig, sie über die Situation zu informieren.

„Wir werden unsere Augen offenhalten und vorsichtig sein", antwortete Tore sehr schnell.

„Darauf können Sie sich verlassen", ergänzte Tore.

„Wir haben keine Angst", grinste Milo, „wir sind Abenteuer gewöhnt."

Die letzten Worte brachten ihm Seitenhiebe mit den Ellenbogen seines Bruders und seines Cousins ein.

„Machen Sie sich keine Sorgen, Herr Baron. Wir passen gut auf", lenkte Lars schnell ab.

„Es ist mir sehr unangenehm euren Aufenthalt auf Burg Guttenberg mit solch einer Geschichte zu beginnen", sagte der Baron, „aber ich finde, ihr solltet schon wissen, auf was ihr euch einlasst."

Tore, Milo und Lars versprachen größte Vorsicht und verabschiedeten sich danach aus dem Zimmer.

Schreck in der Nacht

Den Nachmittag verbrachten die Kinder damit, die Gegend um Burg Guttenberg und die gesamte Burganlage näher zu erkunden. Besonders interessant fanden sie die vielen Greifvögel. Adler, Geier, Eulen und Falken in Hülle und Fülle. Tore, Milo und Lars ließen sich beim Rundgang durch die Vogelausstellung viel Zeit. An der Voliere von Sheila, Eugens Buntfalken, hielten sie sich besonders lange auf, um möglichst viel über diesen wertvollen Vogel zu erfahren. Sheila saß auf einem Ast im hinteren Teil der Voliere und beobachtete die Kinder ganz genau. Zu gerne hätten die drei den schillernden Vogel, der kaum größer als ein Rabe war, gestreichelt. „Falco sparverius" stand auf der Tafel an der Voliere direkt unter Sheilas Namen.

„Hier steht, dass Buntfalken hauptsächlich in Nordamerika leben", las Milo vor.

„Kein Wunder also, wenn das der einzige Buntfalke in Deutschland ist", kombinierte Lars.

„Ein toller Vogel", sagte Tore und schaute sich das Tier noch einmal ganz genau an.

„Ein toller Vogel, das stimmt", ertönte plötzlich eine Stimme hinter ihnen, „deshalb fände ich es gut, wenn ihr ihn in Ruhe lasst."

Tore, Milo und Lars drehten sich erschrocken um. Hinter ihnen stand Eugen. Seine kurzen braunen Haare glänzten in der Sonne und tausende kleiner Sommersprossen belagerten das kleine Gesicht. Eugen hielt einen kleinen schwarzen Eimer in der Hand und einen kleinen Rechen. Er schlenderte hochnäsig an Tore, Milo und Lars vorbei und öffnete mit seinem Schlüssel die Voliere. Anschließend verschwand er darin, schloss hinter sich die Türe und kümmerte sich um seinen Vogel. Sheila kreischte freudig, als Eugen zu ihr kam. Eugen kraulte den Vogel kurz am Kopf, worauf Sheila den Kopf in alle Himmelsrichtungen drehte.

„Das mag sie wohl", versuchte Lars ein Gespräch.

„Das ist ein Er", fauchte Eugen zurück.

„Wenn es ein Er ist, warum hat er dann einen weiblichen Namen?", staunte Milo.

„Das geht euch gar nichts an", schnauzte Eugen und begann, den Boden der Voliere mit dem Rechen zu reinigen. Tore, Milo und Lars schauten ihm zu und schwiegen. Als Eugen mit der Reinigung der Voliere fertig war, zog er aus einer Gürtelhalterung seinen Falknerhandschuh und streifte ihn sich über die linke Hand. Schnell sprang ihm Sheila auf den Arm und begann mit ihm zu schmusen. Tore, Milo und Lars konnten nicht glauben, dass ein wilder Vogel, noch dazu ein Greifvogel, derart zutraulich sein kann. Hinter seinem Rücken hatte Eugen eine kleine Ledertasche hängen, aus der er kleine Leckereien holte, die er an Sheila verfütterte. Tore konnte deutlich erkennen, dass es sich dabei um kleine Küken handelte und rümpfte etwas die Nase.

„Wie bist du zu Sheila gekommen?", wagte Tore noch einmal ein Gespräch.

„Was geht euch das an?", fauchte Eugen erneut.

„Na hör mal", regte sich Lars auf, „was maulst du uns so an? Wir wollen doch gar nichts von dir und haben dir auch gar nichts getan."

Eugen regte sich nicht.

„Mein Cousin hat Recht", ergänzte Tore, „wir verbringen hier ein paar Tage und wollen genau wie du in Ruhe gelassen werden. Aber es wird ja wohl erlaubt sein, dass man dir eine Frage stellt, oder?"

Eugen setzte seinen Vogel zurück auf den Ast, zog den Falknerhandschuh aus und verstaute ihn wieder am Gürtel. Dann schnappte er sich den kleinen Eimer und den Rechen, verabschiedete sich von Sheila und trat aus der Voliere. Erst nachdem er diese sorgfältig verschlossen und mindestens dreimal überprüft hatte, schaute er sich die drei Besucher an. Tore, Milo und Lars standen nebeneinander und blickten Eugen wortlos an. Drei gegen einen standen sie sich minutenlang gegenüber und sprachen kein Wort. Milo dachte, er sei in einem Western. Dort hatte er schon einmal gesehen, wie der Sheriff drei Banditen genauso gegenüber stand wie sie gerade Eugen.

„Was ist nun?", löste Lars die Stille auf, „willst du uns nun verraten, wie du zu Sheila kamst?"

„Also gut", schnaufte Eugen, „unser neuer Falkner hat ihn mir geschenkt. Er hat ihn als Jungvogel bekommen und ihn sozusagen mit der Hand aufgezogen. Deshalb ist er so zutraulich. Als der Falkner hierher kam, hat er mich gefragt, ob ich mich ein bisschen um Sheila kümmern möchte. Das habe ich getan und Sheila und ich haben uns immer mehr angefreundet. Irgendwann hat André gesagt, ich könne Sheila behalten."

„Aber der André wurde doch gerade erst als neuer Falkner begrüßt", wunderte sich Tore.

„Das ist richtig", antwortete Eugen, „aber André arbeitet schon länger bei uns. Er war bisher, wie man so sagt, die rechte Hand des alten Falkners. Erst als dieser die Falknerei aufgegeben hatte, weil er zu alt war, übernahm der jetzige Falkner dessen Arbeit."

„Wie alt bist du eigentlich?", fragte Lars.

„Elf und ihr?", erwiderte Eugen.

„Ich bin zwölf", antwortete Lars, „mein Cousin Tore hier ist auch zwölf und der Kleine mit den längeren blonden Haaren ist mein Cousin Milo. Er ist elf Jahre alt."

„Hm", sagte Eugen mit einem Blick auf seine Uhr, „ich muss jetzt weiter. Habe noch viel zu tun."

„Wir sehen uns bestimmt noch", sagte Lars.

„Bestimmt sehen wir uns noch", rief Eugen und grinste dabei zum ersten Mal.

Tore, Milo und Lars sahen sich noch eine Weile die Vögel an und verließen die Ausstellung durch eine große breite Holztür. Fast genau gegenüber der Tür zum Vogelfluggelände kamen sie zurück auf den Zufahrtsweg zum Burghof. Sie schlenderten zu dem großen gelben Gebäude der Burg, in dem die Privaträume der von Braunecks waren. Die Baronin fing sie auf dem Flur ab und fragte sie, ob sie ein paar Butterbrote haben wollten. Hungrig folgten sie der Einladung, mit den von Braunecks gemeinsam Abend zu essen. Zuvor jedoch konnten sie sich noch etwas auf ihrem Zimmer ausruhen.

Die Butterbrote schmeckten vorzüglich und alle drei waren richtig satt. Nach dem Essen unterhielten sich die Kinder mit der Familie von Brauneck über alles Mögliche. Zu ihrem Erstaunen beteiligte sich Eugen sehr rege an der Unterhaltung. Es wurde spät und die Kinder wollten zu Bett gehen. Noch bevor sie sich verabschieden konnten, war Eugen bereits aus dem Zimmer verschwunden.

„Der hätte wenigstens noch kurz warten können", meinte Tore.

„Ach lass ihn doch", winkte Lars ab, „du weißt doch, wie er ist."

Tore, Milo und Lars verschwanden in ihrem Zimmer und bereiteten sich für die Nacht vor. Draußen war es inzwischen dunkel und die einzige Lampe im Zimmer hatte große Mühe, ihr Licht in alle Ecken zu verteilen. Milo fand es sehr unheimlich und wäre am liebsten wieder zurück auf Schloss Neuburg gefahren. Tore und Lars beruhigten ihn und mahnten ihn an, sich nicht in die Hosen zu machen. Es dauerte nicht lange und die müden Kameraden lagen in ihren Betten und hatten die Augen zu.

Lange hatten sie noch nicht geschlafen, als sie ein Geräusch aufweckte. Tore hörte es zuerst und setzte sich im Bett auf, um es besser hören zu können. Von irgendwoher kratzte es und ein Heulen war zu hören. Tore saß still im Bett und bewegte sich nicht. Was war das? Im Bett neben ihm hörte er Milo schnarchen. Wieder kratzte es und kurz danach kam das Heulen. Inzwischen war auch Lars aufgewacht.

„Was ist das?", fragte er Tore leise.

„Ich habe keine Ahnung", antwortete Tore, „aber es geht schon eine ganze Weile so."

„Da, schon wieder", flüsterte Lars.

Wieder kratzte es. Diesmal länger als vorher. Dafür war das Heulgeräusch deutlich leiser und kürzer.

„Das kommt von dort", meinte Tore und zeigte auf die Wand, an der der Schrank stand.

„Ob jemand im Schrank sitzt?", überlegte Lars.

„Ach Quatsch", sagte Tore, „ich habe vorhin aus meiner Jacke etwas geholt, da hätte ich doch jemanden sehen müssen. Die Tür haben wir abgeschlossen, also kann auch danach keiner ins Zimmer gekommen sein."

„Was ist denn los?", krächzte Milo leise und rieb sich müde die Augen.

Die Antwort konnten sich Tore und Lars sparen, denn erneut kamen die Geräusche. Milo erschrak und zog sich die Bettdecke über den Kopf.

„Das kommt aus dem Schrank", war sich Lars sicher und stand auf.

Auf leisen Sohlen tapste er zum Schrank und öffnete ihn vorsichtig. Mit einem Ruck riss er beide Schranktüren auf und leuchtete mit seiner Taschenlampe hinein. Er leuchtete alles sorgfältig aus, aber im Schrank saß keiner. Tore und Milo waren zu ihm gekommen und sahen sich ebenfalls im Schrank um. Seltsamerweise waren die Geräusche nun nicht mehr zu hören. Die drei Kinder schlichen zurück in ihre Betten und Lars knipste das Licht an. Gespannt warteten sie und beobachteten dabei die geöffnete Schranktür. Plötzlich begann das Kratzen wieder, gefolgt von einem lauten Heulen. Tore traute sich zuerst zum Schrank zu gehen, wo das Geräusch viel lauter zu hören war. Lars und Milo folgten ihm auf Zehen-spitzen und lauschten vor dem offenen Schrank. Ihnen war, als hörten sie neben dem Kratzen und dem Heulen ein Kichern. Plötzlich hörten sie ein Schlurfen, das sich anhörte, als würde jemand über Steintreppen schleichen. Vor Aufregung konnten sie kaum atmen. Was ging in diesem Schrank vor?

„Holt eure Taschenlampen", schlug Lars vor, „und knipst das Licht aus."

Tore und Milo schlichen zu ihren Taschenlampen. Milo knipste das Licht aus und alle drei bauten sich nebeneinander vor dem Schrank auf. Die Taschenlampen schalteten sie nicht ein. Da! Unter der hinteren Schrankwand funkelte ein schwaches Licht durch. Milo blieb beinahe das Herz stehen. Vorsichtig, so dass sein Bruder und sein Cousin nichts merkten, ging er einen Schritt zurück. Obwohl ihnen ziemlich mulmig zumute war, blieben Tore und Lars eisern vor dem Schrank stehen. Das Licht unter der Schrankwand erlosch und plötzlich hörte es sich an, als würde sich jemand an der Rückwand des Schrankes zu schaffen machen. Tore, Milo und Lars waren starr vor Schreck. Doch die Neugierde war größer als die Angst und sie blieben stehen. Im fahlen Licht, das der Mond und die Schlossbeleuchtung spendeten, konnten sie erkennen, dass die Schrankwand auf einmal verschwand. Dahinter erschien eine kleine Gestalt. Das Herz der Kinder schien zu platzen. Als die Gestalt mitten im Schrank stand, knipsten sie ihre Taschenlampen an und leuchteten die Gestalt an. Diese erschrak und drehte sich um. Jetzt traf sie Tores Taschenlampe genau im Gesicht.

„Eugen", schrien Tore, Milo und Lars fast gemeinsam, „was machst du hier?"

Eugen lachte herzhaft.

„Habt ihr euch anständig erschreckt?", scherzte er.

„Du bist doch bescheuert", jaulte Milo.

„Wieso, das war doch lustig", sagte Eugen.

Tore und Lars mussten lachen, was Milo gar nicht gefiel. Er beschwerte sich heftig und hätte seinen Bruder, seinen Cousin und Eugen am liebsten aus dem Zimmer gejagt. Eugen war inzwischen aus dem Schrank gekommen und Tore hatte das Licht angeknipst. Milo setzte sich beleidigt auf sein Bett, während Tore und Lars gemeinsam mit Eugen den Schrank untersuchten.

„Was ist hinter dem Schrank?", fragte Lars.

„Das ist ein Geheimgang von früher. Heute ist das mein Lieblingsversteck, wenn wir Gäste haben. Dann verkrieche ich mich hier und erschrecke die Besucher, so wie euch auch", erklärte Eugen.

„Und wohin führt dieser Gang?", fragte Lars weiter.

„Keine Ahnung", Eugen zog die Schultern hoch, „hier hinten führen ein paar Stufen nach unten, mehr weiß ich nicht. Mein Vater meint, da unten sei Schluss. Weiter gehe es nicht."

„Warst du schon mal ganz unten?", fragte Tore.

„Nein", antwortete Eugen, „ich muss ja nur ein paar Stufen nach unten steigen, wenn ich die Leute erschrecken will."

„Wir können den Gang einmal genau untersuchen", schlug Lars vor.

„Das ist eine prima Idee", erwiderte Tore.

Inzwischen war Milo wieder aufgestanden und hatte sich zu den anderen gestellt.

„Können wir das machen, wenn Tag ist?", fragte er, „ich würde jetzt gerne schlafen."

„Milo hat Recht", nickte Tore, „es ist ziemlich spät. Der Geheimgang rennt uns nicht davon."

Lars und Eugen stimmten zu und so löste sich die Versammlung schnell auf. Tore machte den Schrank zu und schloss sicherheitshalber die Schranktüren ab. Eugen verabschiedete sich und verließ das Zimmer.

Das Geheimnis der Madonna

Bereits am nächsten Morgen rückte eine Mannschaft Monteure an und begann an allen möglichen
und unmöglichen Stellen Alarmanlagen zu installieren. Tore, Milo und Lars hatten dafür wenig
Interesse, denn Eugen wollte seinen neuen Freunden seinen Buntfalken vorführen. Er nahm sie mit
zu Sheilas Voliere und versprach ihnen, dass sie
Sheila streicheln dürften, wenn diese gut drauf
war. Gekonnt öffnete Eugen das Schloss an der
Voliere und bat Tore, Milo und Lars zunächst
draußen zu warten. Sheila erkannte ihr Herrchen
und verfolgte jede seiner Bewegungen mit den
Augen. Im Sonnenschein glänzte das bunte Gefie-
der prächtiger als je zuvor. Die drei Freunde standen an der Voliere und bestaunten neidisch den
herrlich bunten Vogel. Eugen zog seinen
Falknerhandschuh an und nahm Sheila auf den
Arm. Anschließend ging er langsam und vorsichtig
in Richtung Gitter, um Sheila behutsam seinen
Freunden näherzubringen.

„Sheila ist Publikum gewöhnt", erklärte Eugen,
„aber so nahe kommt das Publikum normalerweise
nicht. Vielleicht bekommt sie zu euch Vertrauen,

dann können wir es wagen, dass ihr sie einmal streicheln könnt."

„Meinst du, sie hat Angst vor uns?", fragte Tore neugierig.

„Nein, das glaube ich nicht", schüttelte Eugen den Kopf, „ihr dürft nur keine hektischen Bewegungen machen. Das mag sie nicht."

Milo grinste.

„Wieso grinst du?", maulte Tore.

„Ich muss nur lachen, weil wir zu Sheila ,sie' sagen, obwohl sie doch ein Männchen ist", erklärte Milo.

Eugen gab Sheila ein paar Leckerchen aus seiner Gürteltasche. Genussvoll verspeiste Sheila die unerwarteten Köstlichkeiten. Tore, Milo und Lars hingen am Gitter der Voliere und verhielten sich mucksmäuschenstill. Plötzlich knisterte hinter ihnen der Boden und Sheila drehte neugierig ihren Kopf nach oben. Eugen schaute an Tore, Milo und Lars vorbei und nickte jemandem freundlich zu. Tore, Milo und Lars drehten sich kurz um, um nachzusehen, wer gekommen war. Drei Männer in

Arbeitskleidung, bepackt mit allerlei Geräten, kamen auf sie zu.

„Lasst euch nicht stören", sagte einer der Männer mit freundlicher Stimme, „wir sollen hier nur eine Überwachungsanlage montieren."

„Alles klar", entgegnete Eugen und widmete sich seinem Vogel.

Tore, Milo und Lars drehten sich ebenfalls um und beobachteten Eugen, der Sheila behutsam zurück auf den dicken Ast im hinteren Teil der Voliere setzte.

„Ich denke, es ist besser", meinte er, „wenn wir dich jetzt wieder alleine lassen."

„Wir können ja wiederkommen, wenn die Männer mit ihrer Arbeit fertig sind", überlegte Lars.

„Was haltet ihr davon, wenn wir uns das Museum noch einmal genauer ansehen?", fragte Tore.

„Das ist eine gute Idee", meinte Milo.

Auch Eugen stimmte zu und bot an, die Freunde durch die verschiedenen Räume zu führen. Er verließ die Voliere, schloss gründlich ab und verstaute

Falknerhandschuh und Gürteltasche in einem kleinen Holzkasten neben der Voliere. Dann lief er den Kieselweg entlang hinauf zum Ausgang der Vogelausstellung. Tore, Milo und Lars folgten ihm und alle vier Kinder kamen an den drei Arbeitern vorbei, die eben dabei waren, eine kleine Überwachungskamera unterhalb einer Mauernische zu befestigen. Ein Arbeiter stand hoch oben auf der Leiter, die von dem zweiten gehalten wurde. Der dritte Arbeiter war damit beschäftigt verschiedene Kabel zu entknoten. Als die Kinder an ihm vorbeiliefen, hob er kurz den Kopf und nickte ihnen zu. Tore blickte ihm in diesem Moment ins Gesicht und erschrak. Milo und Lars merkten das und schauten schnell hinüber zu dem Arbeiter. Dieser hatte den Kopf jedoch schon wieder gesenkt und sein Gesicht war von der tiefen Schildmütze bedeckt. Obwohl ihn Milo und Lars immer anstießen, gab Tore den Grund seines Erschreckens nicht preis, solange Eugen in der Nähe war.

Bald erreichten sie den Eingang zum Museum. Wie ein Wiesel flitzte Eugen die steinernen Stufen hinauf. Nur mit Mühe gelang es Tore, Milo und Lars, ihm auf den Fersen zu bleiben. Im zweiten Stock trafen die Kinder auf Baron von Brauneck, der damit beschäftigt war, den Altar auf mögliche

Beschädigungen zu untersuchen. Er begrüßte die Kinder freundlich und ließ sich gerne bei der Arbeit zusehen.

„Das ist unsere Madonna", erklärte er und zeigte auf eine weibliche Figur inmitten des Altars, „wir nennen den ganzen Altar Madonna. Da weiß jeder, was gemeint ist."

Tore, Milo und Lars bestaunten das goldene Altarbild. In der Mitte stand die größte Figur, die Madonna. Links und rechts daneben schwebten zwei goldene Engel, die den Umhang der Madonna anhoben. Unter diesem versammelten sich zahlreiche betende Figuren. Auf dem linken Arm der Madonna saß ein kleines nacktes Kind und auf dem Kopf trug die Madonna eine goldene Krone. Eine Weile betrachteten die Kinder das Altarbild und erkannten immer neue Schönheiten darauf.

„Die ist doch sicher sehr wertvoll", mutmaßte Lars.

„Ja", nickte der Baron, „und deshalb auch sehr begehrt."

„Sehr begehrt?", fragte Tore, „wurde sie denn schon einmal gestohlen?"

„Oh ja", antwortete der Baron, „das ist noch gar nicht lange her. Damals stand die Madonna in dem Gebäude direkt neben dem Burgtor. Ein paar Diebe hatten den gesamten Altar mitten in der Nacht gestohlen und sich durch den Wald hinunter aus dem Staub machen wollen. Ein Zufall wollte es, dass ausgerechnet in dieser Nacht ein Neckarmühlbacher Einwohner nicht schlafen konnte und somit die Diebe auf frischer Tat ertappt hatte. Die Polizei war schnell zur Stelle und konnte die Diebe nach einer kurzen Verfolgungsjagd schnappen. Manche ältere Einwohner hatten damals behauptet, die Madonna sei verflucht und hätte den Dieben deshalb kein Glück gebracht."

„Verflucht?", wollte Milo wissen, „wieso verflucht?"

„Das war so", erklärte der Baron weiter, „vor vielen, vielen Jahren, ja sogar vielen Jahrhunderten gab es hier große Unruhen. Das war wohl so Anfang des 16. Jahrhunderts. Die Bevölkerung hatte damals große Angst, dass die Madonna durch diese Unruhen verschleppt oder sogar zerstört werden konnte. Zu dieser Zeit stand die Madonna unten im Dorf in der Kirche. Die Neckarmühlbacher hätten alles getan, um sie zu schützen. Irgendwann kamen die Bürger auf die Idee, den gesamten Altar zum Schutz im Neckar zu versenken. Starke Männer versammelten sich in einer ruhigen Nacht und schleppten den Altar zum Neckarufer, um ihn dort den Fluten zu übergeben. Sie wollten sich die Stelle ganz genau merken, damit sie ihn nach den Unruhen wieder bergen konnten. Es fiel ihnen nicht leicht, dieses kostbare Stück einfach in den Neckar zu werfen, schließlich mussten sie damit rechnen, dass er durch das Wasser zerstört wurde. Leider blieb ihnen jedoch keine andere Wahl. Die Gefahr war viel zu groß, dass er geplündert wurde. In der Kirche selbst entstand durch die Lücke, die der Altar hinterlassen hatte, eine ganz mystische Stimmung. Den Bürgern von Neckarmühlbach war es damals sehr seltsam zumute, erzählte man. Und mit dieser seltsamen Stimmung gingen sie am nächsten Morgen in die Kirche. Alle hatten große Sorge um die Madonna und keiner freute sich auf den Gottesdienst ohne den wunderschönen Altar. Doch als die Gemeindemitglieder in die Kirche kamen, blieb allen das Herz fast stehen. Statt des leeren Altarsockels stand dort, wie alle Jahre zuvor und als wäre nie etwas gewesen, die Madonna wieder. Sie war unversehrt und trocken. Kein Kratzer, kein Schaden, kein Tropfen Neckarwasser war zu finden. Zuerst glaubte man, die Männer hätten ihn gar nicht im Neckar versenkt, doch diese konnten anhand mehrerer Spuren am Neckar genau zeigen, wohin sie den Altar geschleppt und wo sie ihn ins Wasser geworfen hatten. Seitdem sind viele Menschen der Meinung, die Madonna sei verflucht oder habe magische Kräfte."

„Das ist ja spannend", sagte Tore.

„Und sehr verwunderlich", meinte der Baron, „findet ihr nicht auch? Bis heute wurde das Geheimnis nicht aufgeklärt, wie der Altar aus dem Neckar an seinen Platz zurück kam. Vor allem wurde nie geklärt, warum er trocken war. Selbst wenn man ihn kurzerhand wieder aus dem Neckar gefischt hätte, wäre er bis zum nächsten Morgen sicher nicht trocken geworden. Als der hiesige Pfarrer nach dem Diebstahl der Madonna vor ein paar Jahren stolz in der Predigt verkündete, dass die Madonna zurück sei und die Diebe verhaftet wurden, erinnerten sich viele Menschen an das Wunder im 16. Jahrhundert. Sie flüsterten sich zu, dass man besser die Finger von der Madonna hätte lassen sollen. Wir haben die Madonna damals lieber hier ins Museum gebracht. Da ist sie sicherer."

„Über die schmale Steintreppe?", fragte Lars ungläubig.

„Natürlich nicht", schüttelte der Graf den Kopf, „über die Wendeltreppe hätten wir sie gar nicht hier hoch bekommen. Nein, die wurde damals mit einem Kran durch das Fenster vorsichtig herein gebracht. So schnell kriegt sie hier auch niemand mehr raus."

Inzwischen hatte der Graf seine Arbeit am Altar beendet und packte alles zusammen. Lars und Milo hatten immer wieder versucht Tore zu fragen, warum er so erschrocken war, doch dieser hielt dicht. Eugen schlug vor, noch ein wenig den Burgfried unsicher zu machen, doch Lars winkte ab. Zum Erstaunen seiner Cousins wollte sich Lars etwas ausruhen und sich im Zimmer ein wenig aufs Bett legen. Als er Tore und Milo zuzwinkerte, begriffen diese sehr schnell, dass das gelogen war und er unbedingt Tores Geheimnis erfahren wollte. Eugen war zuerst etwas enttäuscht, doch ihm fiel bald ein, dass er sich noch nicht genug um Sheila gekümmert hatte. Schnell verabschiedeten sich Tore, Milo und Lars und verschwanden auf ihr Zimmer.

„Jetzt erzähl endlich, Tore", forderte Lars seinen Cousin ungeduldig auf.

„Was hast du denn gesehen?", fragte Milo.

Tore machte es sich auf dem Bett bequem und holte tief Luft.

„Ihr erinnert euch doch bestimmt an die Flugschau?", begann er.

Lars und Milo nickten zustimmend.

„Da saßen vor uns so unfreundliche Männer mit ihren Fotoapparaten", erklärte er weiter.

Gespannt schauten ihn Lars und Milo an.

„Ich weiß ganz genau, dass der eine so einen Oberlippenbart und ein ganz fieses Gesicht hatte."

„Wie kommst du jetzt darauf?", fragte Lars.

„Warte ab", beruhigte ihn Tore, „ich erinnere mich genau an dieses Gesicht und noch genauer an die hässliche Warze, die er auf der Nase hatte."

„Ja und?", Milo wurde ungeduldig.

„Als wir vorhin an diesen Arbeitern vorbeigingen, hat mich der eine Typ kurz angeschaut. Er ist genauso erschrocken wie ich. Deshalb hat er wieder sein Gesicht unter seiner Schildmütze versteckt und hat nach unten geschaut."

„Wieso sollte er erschrocken sein? So schlimm siehst du doch gar nicht aus?", lachte Milo.

„Ich glaube", überlegte Tore, „dem war es gar nicht recht, dass ich ihn erkennen konnte. Vielleicht hat er mich erkannt und war überrascht, mich hier zu treffen."

„Tore", Lars schüttelte den Kopf, „meinst du nicht, du siehst Gespenster? Warum sollte ein Arbeiter, der hier nur Alarmanlagen installiert, vor einem 11-jährigen Jungen erschrecken? Du spinnst doch."

„Ich finde, Lars hat Recht", sagte Milo, „das ist doch echt Quatsch."

„Und wenn nicht?", rechtfertigte sich Tore, „ich bin mir ganz sicher, dass das der Typ aus der Flugschau war."

Wieder hallte ein Vogelschrei durch die Nacht. Milo und Lars schnarchten weiter leise vor sich hin. Tore quälte sich aus dem Bett und ging zum Fenster. Es war eine klare Nacht und der Mond spendete sehr viel Licht. Eine Menge Sterne leuchteten am Himmel und ein warmer leichter Wind blies ihm um die Ohren. Am Fenster hörte er das Kreischen der Vögel deutlicher. Tore war sich nicht sicher. Warum waren die Vögel nur so aufgeregt? Was spielte sich da draußen ab? In der hellen Nacht versuchte er etwas zu erkennen. Doch außer einem Stück Weg und der Burgmauer konnte er nichts sehen. Plötzlich stand Lars hinter ihm.

„Was ist denn los?", gähnte er.

„Hör doch mal", flüsterte Tore, „die Vögel schreien schon die ganze Zeit. Ob da alles in Ordnung ist?"

„Keine Ahnung", sagte Lars.

„Psst", machte Tore und streckte den Finger hoch, „hörst du, schon wieder."

„Was macht ihr denn da?", stöhnte Milo, der eben aufgewacht war.

„Dein Bruder meint, mit den Vögeln stimmt etwas nicht", erklärte Lars, „sie kreischen ständig."

Widerwillig stand Milo auf, strich sich durch seine langen blonden Haare und kam zum Fenster. Ein paar Grillen zirpten und der warme Wind blies ins Zimmer. Wieder hörte man aus der Ferne ein Kreischen.

„Vielleicht sollten wir Eugen wecken", schlug Lars vor, „der kann uns das bestimmt erklären."

„Der wird sich bedanken", schnaufte Milo.

Lars kramte auf dem Nachttisch nach seiner Brille, setzte sie auf und schnappte sich die Taschenlampe.

„Ich gehe ihn wecken", sagte er bestimmt und verließ das Zimmer.

Tore und Milo blieben am Fenster stehen und hörten sich das Gekreische an. Plötzlich waren sie hellwach. Draußen hörte man die Kirchenglocke zweimal schlagen. Lars kam aufgeregt ins Zimmer gerannt. Die Taschenlampe in seiner Hand brannte noch.

„Eugen ist verschwunden", keuchte er.

„Wie bitte?", fragte Tore.

„Eugen ist weg", wiederholte Lars.

„Wie, weg?", fragte Milo.

„Na, ich bin gerade zu ihm ins Zimmer gegangen und wollte ihn wecken, aber sein Bett war leer", erzählte Lars, „ich habe gedacht, dass er vielleicht auf der Toilette ist, aber da war er auch nicht. Dann bin ich zurück in sein Zimmer gegangen und habe gesehen, dass er noch gar nicht in seinem Bett war. Die Bettdecke liegt glattgestrichen da und das Kopfkissen ist ebenfalls nicht benutzt worden."

„Vielleicht ist er bei Sheila", überlegte Milo.

„Nicht auszuschließen", meinte Tore.

„Wir müssen ihn suchen", bestimmte Lars.

Schnell zogen die drei Freunde ihre Hosen an, schnappten ihre Taschenlampen und schlichen leise den Flur entlang. Sie mussten sehr langsam gehen, weil der Boden hier und da knirschte. Kaum hatten sie den Wohnbereich verlassen, rannten sie die breite Steintreppe hinunter zur Haustür. Sie war nur zugezogen und nicht abgeschlossen.

Lars war so schlau, einen kleinen Keil in die Tür zu klemmen, damit sie später wieder hinein kamen. Auf Zehenspitzen schlichen sie den Kiesweg entlang zum Burgtor. Das war verriegelt. Mist! Sie versuchten das Tor von innen zu öffnen, jedoch ohne Erfolg. Es war abgeschlossen und der Schlüssel war sicher beim Baron.

„Verdammt", fluchte Lars, „wie kommen wir jetzt raus."

Ratlos standen sie am Tor und untersuchten mit ihren Taschenlampen, ob irgendwo ein Schlupfloch zu finden war. Es war zwecklos, die Burg war gut gesichert. Hier kam niemand rein, aber leider auch niemand raus.

„Der Schrank", fiel Milo ein, „vielleicht kommen wir durch den Geheimgang nach draußen."

„Das ist ebenso zwecklos", meinte Lars, „Eugen hat doch gesagt, dass er nirgendwohin führt."

„Er hat nur gesagt, dass er noch nicht weiter in den Gang vorgedrungen ist", überlegte Tore, „Milo hat Recht. Wir sollten es zumindest probieren."

Auf leisen Sohlen schlichen sie zurück in die Burg. Zum Glück hatte Lars den Keil in die Tür geklemmt, so konnten sie unbemerkt ins Haus gelangen und auf ihr Zimmer gehen. Dort öffneten sie den Schrank und schoben die Rückwand zur Seite. Schmale Steinstufen führten spiralförmig nach unten. Sie mussten hintereinander gehen, weil es so eng war. Immer wieder wischten sie sich Spinnweben aus dem Gesicht. In dem Gang war es kalt und muffig. Weiter und weiter führte die Wendeltreppe nach unten. Nur langsam kamen die Kinder voran. Plötzlich war die Treppe zu Ende und Tore, Milo und Lars standen vor einem Holzverschlag. Sie leuchteten die Bretter ab und untersuchten die Wände nach einem möglichen Ausgang. Sie überlegten den Holzverschlag zu öffnen. Leichter als sie es sich jemals vorgestellt hätten, konnten sie den Holzverschlag nach innen öffnen und gelangten in einen kleinen Raum. Bevor sie sich weiter umsahen, strichen sie sämtliche Spinnweben von ihren Kleidern und aus dem Gesicht. Das Kreischen der Vögel war wieder deutlich zu hören. Sie folgten einem schwachen Licht und fanden einen Ausgang. Kaum waren sie aus dem Raum gekommen, wurde ihnen klar, wo sie waren. Direkt rechts neben dem Ausgang war das verschlossene Burgtor. Als sie nach oben blickten, konnten sie ihr Zimmer sehen.

„Na, das hat ja prima geklappt", lachte Tore.

„Wer hätte das gedacht", lobte Lars, „gute Idee, Milo!"

"Los", drängelte Milo, „wir suchen Eugen."

Leise und doch möglichst schnell gingen sie den Weg hinunter und kamen bald zu der Stelle, an der es links zur Vogelschau ging. Kurz darauf erreichten sie das Tor, aus dem man von den Vogelgehegen kam. Geschickt öffnete Lars das Tor, das normalerweise nur von innen zu öffnen war. Leise schlossen sie das Tor und suchten mit den Taschenlampen den Weg zu Sheilas Voliere. Die Geier, an denen sie vorbeikamen, waren sichtlich aufgeregt. Sehr laut hörte man den Schrei eines Adlers. Es war sehr unheimlich, inmitten der Greifvögel herumzulaufen. Bald erreichten sie die Voliere mit Sheila. Vorsichtig leuchtete Lars das Gehege ab. Sheila kauerte auf ihrem Lieblingsast und schlief. Gerade wollte Lars Entwarnung geben, als er auf dem Boden etwas liegen sah. Schnell lenkte er den Strahl seiner Taschenlampe an die Stelle und erschrak fast. Dort lag, zusammengerollt wie ein Igel, Eugen. Das helle Licht weckte ihn und er drehte sich vor Schreck um. Er setzte sich auf und rieb sich die Augen.

„Was macht ihr denn hier?", gähnte er und schaute Tore, Milo und Lars erstaunt an.

„Das sollten wir eher dich fragen", meinte Lars.

„Sheila hat ganz furchtbar geschrien", erzählte Eugen, „fast als hätte sie Angst. Da bin ich hierher gekommen, um auf sie aufzupassen."

„Aber wie bist du durch das Burgtor gekommen, das ist doch abgeschlossen?", fragte Lars.

„Ich bin schon lange hier", erklärte Eugen, „mein Vater hatte das Tor noch gar nicht abgeschlossen, als ich zu Sheila kam. Aber wie seid ihr durch das Tor gekommen?"

„Gar nicht", lachte Tore, „wir haben deinen Geheimgang weiter verfolgt und der führte uns direkt in das kleine Gebäude rechts neben dem Burgtor."

„Und was willst du jetzt tun?", fragte Milo.

„Ich bleibe hier bei Sheila", sagte Eugen bestimmt, „sie hat noch nie so geschrien. Alle Vögel haben nachts noch nie so geschrien. Irgendetwas stimmt nicht. Die Vögel spüren das. Ich habe solche Angst, dass Sheila etwas passiert. Deshalb bleibe ich heute Nacht hier."

„Das ist doch Quatsch", meinte Lars, „was soll schon passieren? Dein Vater hat überall Alarmanlagen und Überwachungskameras anbringen lassen."

Eugen ließ sich von seinem Plan nicht abbringen. Er kauerte sich an die Wand und zog mit den Armen seine Knie heran. Lars und Tore versuchten in das Gehege zu kommen, doch Eugen hatte abgeschlossen. In der Eile hatten Tore, Milo und Lars nur ihre Hosen und ein dünnes T-Shirt angezogen und so begannen sie langsam zu frieren. Auch Eugen sah nicht gerade aus, als sei es ihm richtig warm. Zwar hatte er einen Trainingsanzug an, doch dieser spendete sicher nicht genug Wärme. Die Vögel um sie herum waren mittlerweile ruhig. Sicherlich hatten sie gemerkt, dass jemand um sie herum war und beruhigten sich.

„Merkst du, Eugen", versuchte Lars ihn zu überreden, „die anderen Vögel haben ebenfalls aufgehört zu schreien. Sicher ist wieder alles in Ordnung."

Doch Eugen rührte sich nicht von der Stelle.

„Ich weiß, dass Sheila ohne mich heute Nacht Angst hat", schluchzte Eugen.

„Aber Eugen", mischte sich Tore ein, „Sheila ist ein wilder Falke. Wovor sollte sie Angst haben? Abgesehen davon kannst du die Voliere verschließen und niemand kann Sheila etwas anhaben."

„Komm bitte mit uns, Eugen", meinte Lars, „du wirst dir hier draußen den Tod holen. Es wird immer kühler. Du hast nicht einmal eine Decke."

„Du kannst, wenn du willst, bei uns im Zimmer schlafen", schlug Milo vor, „dein Vater hat sicher nichts dagegen."

„Wir versprechen dir auch, morgen zeitig aufzustehen und nach Sheila zu sehen", ergänzte Tore.

Eugen begann vor Kälte leicht zu zittern, doch das verbarg er vor den anderen.

„Jetzt komm bitte, Eugen", befahl Lars, „wir wollen wieder ins Bett, es ist mitten in der Nacht und vor allem ist es hier zu kalt."

„Wenn du nicht mit uns kommst", drohte Tore, „werden wir deinen Vater benachrichtigen müssen."

Das half. Eugen stand langsam auf und wischte sich den Schlaf aus den Augen. Er drehte sich zu Sheila und streichelte ihr noch einmal über den Rücken. Sheila gluckste zufrieden. Dann trottete Eugen langsam auf die Volierentür zu, kramte in seinen Hosentaschen nach dem Schlüssel und öffnete das Schloss. Draußen nahmen ihn seine Freunde in Empfang. Eugen sperrte das Schloss sorgfältig zu und rüttelte noch einmal an der Tür, um sicherzugehen, dass diese auch richtig verschlossen war.

„Du bist ja völlig ausgekühlt", schimpfte Lars, als er Eugen bei der Hand nahm.

„Mir ist auch kalt", erklärte Eugen, „sonst wäre ich nie und nimmer mitgekommen."

„Wir gehen jetzt schleunigst zu Bett und schlafen", sagte Tore, „wir sind alle ziemlich müde."

Aus dem Dorf hörte man die Kirchturmglocke leise schlagen, als die Kinder das Gelände der Vogelausstellung durch das Tor verließen. Leise lie-

fen sie den Kieselweg hoch zum Burgtor, das fest
verschlossen war. Tore, Milo und Lars führten
Eugen zu dessen Erstaunen in ein kleines turmähn-
liches Gebäude rechts neben dem Burgtor. Mithilfe
ihrer Taschenlampen fanden sie den Holzverschlag, hinter dem der Geheimgang in den Schrank
führte. Nachdem alle im Geheimgang waren,
schlossen Lars und Tore den Verschlag wieder
sorgfältig, sodass niemand Fremdes den Aufgang
finden konnte. Im Schein ihrer Taschenlampe führten die Kinder Eugen nach oben. Kaum waren sie
im Zimmer angekommen, schalteten sie ihre Taschenlampen aus und machten sich zum Schlafen
fertig. Die Schranktür und den Eingang zum Geheimgang schlossen sie sorgfältig ab. Lars wagte
einen letzten Blick auf den Flur, um sicherzugehen, dass niemand wach geworden war und ihren
nächtlichen Ausflug bemerkt hatte. Eugen schlüpf-
te zu Milo ins Bett und Lars löschte das Licht. Sofort fielen alle in einen tiefen Schlaf.

Schock in der Morgenstunde

Hätte nicht der Baron am Morgen gegen die Zimmertüre geklopft, wären die nächtlichen Ausflügler sicher nicht vor dem Mittagessen wach geworden. Tore wacht zuerst auf und wunderte sich über das unaufhörliche Klopfen an der Tür.

„Was ist denn los?", gähnte Lars.

„Ich weiß es nicht", murmelte Tore, „mach bitte mal die Tür auf."

Lars quälte sich aus dem Bett und schlurfte zur Tür. Er drehte den Schlüssel im Schloss herum und ehe er zur Seite gehen konnte, stürmte der Baron ins Zimmer.

„Wisst ihr, wo Eugen ist?", schnaubte er aufgeregt, „er ist nicht in seinem Zimmer."

„Eugen ist bei uns", erklärte Milo und rieb sich den Schlaf aus den Augen. Er war heute Nacht…"

„Er war heute Nacht hier", unterbrach Tore, ehe sein Bruder etwas Falsches sagen konnte, „er konnte nicht schlafen, weil die Vögel so laut geschrien hatten."

„Na zum Glück", sagte der Baron sichtlich erleichtert, „wir dachten schon…"

„Sie dachten was?", reagierte Lars am schnellsten.

„Wir dachten schon, es sei etwas mit ihm passiert", meinte der Baron.

„Wieso sollte ihm etwas passiert sein?", wunderte sich Tore.

„Habt ihr denn nichts mitbekommen?", fragte der Baron.

„Was sollen wir denn mitbekommen haben?", fragte Lars.

„Es ist schrecklich", erklärte der Baron, „bei uns auf der Burg wurde heute Nacht eingebrochen."

„Eingebrochen?", riefen die Jungs im Chor.

Eugen, der bis eben noch so verschlafen war, dass er kaum etwas mitbekommen hatte, war plötzlich hellwach.

„Ist etwas mit Sheila?", schrie er, „Vater, sag schon, ist etwas mit Sheila?"

Der Baron senkte seinen Kopf.

„Eugen", murmelte er leise, „es ist schrecklich. Sheila ist weg!"

Diese Nachricht traf Eugen wie tausend Speere. Er hüpfte aus dem Bett, rannte auf seinen Vater zu und wollte das Zimmer verlassen, um nach Sheila zu suchen. Der Baron schnappte ihn am Hosenbund und zog ihn zu sich heran. Eugen strampelte wie wild und begann zu weinen und zu schreien. Mit aller Kraft gelang es dem Baron, Eugen festzuhalten. Eugen setzte sich auf den Schoß seines Vaters, vergrub das Gesicht zwischen der Schulter und dem Kopf seines Vaters und weinte unaufhörlich. Der Baron versprach Eugen alles zu tun, um Sheila wiederzufinden, doch Eugen wollte sich nicht beruhigen. Tore, Milo und Lars standen fassungslos da und konnten nicht begreifen, was gerade passiert war. Eugen hatte es geahnt und wollte Sheila beschützen. Vielleicht hätten sie bei ihm bleiben und ihm helfen sollen, anstatt ihn aus der Voliere zu locken. Doch was wäre passiert, wenn die Diebe sie erwischt hätten. Langsam wurde ihnen klar, in welch großer Gefahr sie sich befunden hatten. Eugen würde das nicht verstehen und ziemlich wütend auf sie sein, doch Tore, Milo und Lars waren sich sicher, das Richtige getan zu haben.

„Wie konnte das passieren?", unterbrach Lars die Stille im Raum.

„Das wissen wir noch nicht", antwortete der Baron, „der oder die Täter haben es geschafft in die Burg zu kommen, ohne die Alarmanlagen auszulösen. Keine Ahnung, wie sie das geschafft haben."

„Und was ist mit der Überwachungskamera?", forschte Lars.

„Die Herren von der Polizei sind eben dabei, die Videobänder auszuwerten", erklärte der Baron, „vielleicht haben sie schon etwas gefunden. Wir sollten sie einmal fragen."

Ehe der Baron aufstehen konnte, rutschte Eugen von seinem Schoß. Bewusst vermied er den Blickkontakt zu Tore, Milo und Lars. Ob er das tat, weil er sich schämte oder aus Wut, konnten die drei Freunde nicht einschätzen. Der Baron führte die Kinder in das große Wohnzimmer, in dem sich ein halbes Dutzend Polizisten tummelten. An dem großen Tisch saßen zwei junge Beamte und betrachteten auf einem speziellen Abspielgerät die Videobänder aus den Überwachungskameras. Tore, Milo und Lars bauten sich hinter ihnen auf und betrachteten gemeinsam mit den Polizisten das

Videoband. Scheinbar hatten diese eben erst gestartet, da die Uhr auf dem Bildschirm kurz nach Mitternacht zeigte. Gespannt verfolgten die Kinder das schwarzweiße Videoband, das eher einer Diashow ähnelte als einem Film. Das einzige, was sich immer wieder bewegte, war die Uhrzeit, die sich im Fünfminutentakt voranschritt. Als wäre es der spannendste Actionfilm, klebten die Kinder und die Polizisten an dem kleinen Bildschirm. Kurz nach fünf Uhr endete das Videoband und einer der Polizisten schaltete das Gerät ab. Er drehte sich zu seinen Kollegen um und zuckte mit den Schultern.

„Wir haben das Band jetzt dreimal angeschaut", erklärte er, „aber es ist nicht das Geringste darauf zu finden, was uns weiterbringen könnte."

„Aber irgendetwas muss doch zu finden sein", reagierte ein etwas älterer Polizist und klang ziemlich angespannt.

„Es tut mir Leid", entschuldigte sich der junge Polizist, „absolut gar nichts. Wir haben jede Szene mehrmals angeschaut und auf das noch so kleinste Detail geachtet. Nichts! Die Täter müssen nach fünf Uhr gekommen sein."

„Das ist doch absurd", regte sich sein Kollege auf, „nach fünf Uhr wird es hell und die Täter wären zu leicht zu entlarven gewesen. Das waren Profis. So bescheuert sind die garantiert nicht, dass sie erst zum Tagesanbruch ein solches Verbrechen begehen."

So sehr sich der Beamte auch aufregte, es half nichts. Leider hatten die übrigen Polizisten ebenfalls wenig Positives zu berichten. Tore, Milo und Lars beschlossen, sich den Tatort genauer anzuschauen. Eugen indes blieb bei seinen Eltern und wollte lieber in Ruhe gelassen werden.

Ungläubig standen Tore, Milo und Lars vor Sheilas leerem Gehege. Polizisten waren dabei Spuren zu sichern und mögliche Hinweise zu finden, wie die Verbrecher unbemerkt in die Burg eindringen konnten.

„Es ist nicht zu fassen", schüttelte Tore den Kopf.

„Wenn ich es nicht mit eigenen Augen sehen würde, könnte ich nicht glauben, dass Sheila verschwunden ist", merkte Milo an.

„Leute", überlegte Lars, „an dieser Sache ist irgendwas oberfaul."

Tore und Milo schauten ihren Cousin überrascht an. Sie ahnten, dass er dem Geheimnis schon wieder auf der Spur zu sein schien.

„Die seltsamen Typen von der Firma, die die Alarmanlagen installiert haben", kombinierte Lars, „die Typen, die bei der Flugschau vor uns genervt haben. Vielleicht hat sich Tore wirklich nicht getäuscht. Das Videoband, auf dem nichts zu…"

An dieser Stelle stockte Lars. Das Videoband! Lars gab seinen Cousins ein Zeichen, dass sie ihm augenblicklich folgen sollten. Im Eiltempo, als wäre eine Herde Büffel hinter ihnen her, sausten sie zurück ins Wohnzimmer. Die meisten Polizisten waren bereits verschwunden, aber der Beamte, der die Videobänder untersuchte, saß noch an seinem Gerät. Wieder und wieder spulte er die Bänder vor und wieder zurück, schaute sich jede einzelne Minute der Aufnahme genau an. Als die Uhrzeit auf dem Videoband zwei Uhr nachts zeigte, tippte Lars seine Cousins an und gab ihnen zu erkennen, genau aufzupassen. Noch nicht ahnend, auf was Lars hinaus wollte, betrachteten Tore und Milo aufmerksam das Band. Als die Uhrzeit auf dem Band längst nach drei Uhr zeigte, signalisierte Lars seinen Cousins ihm zu folgen. Eugen, der die ganze Aktion misstrauisch beobachtete, erhielt von Lars ebenfalls ein Zeichen, dass er mitkommen sollte. Ebenso wie Tore und Milo hatte Eugen keine Ahnung, was mit Lars passiert war. Nachdem seine beiden Cousins und Eugen sich auf Milos Bett gesetzt hatten, schloss Lars die Zimmertür, schnappte sich einen Stuhl und setzte sich seinen verdutzten Freunden gegenüber.

„Was ist los", Milo konnte die Spannung kaum mehr ertragen.

„Das würden wir auch gerne wissen", versicherte Tore.

„Habt ihr das Band ganz genau betrachtet?", begann Lars.

„Logisch", nickte Tore, „aber ich konnte nichts erkennen."

„Mensch Jungs", wunderte sich Lars, „überlegt doch mal."

Tore, Milo und Eugen schauten sich einander unwissend an.

„Was war denn heute Nacht?", machte Lars weiter, „wenn ihr genau hingeschaut habt, habe ich euch angetippt, als die Uhr auf dem Bildschirm zwei Uhr in der Nacht zeigte. Eine Stunde später, als die Uhr auf dem Bildschirm drei Uhr zeigte, sind wir gegangen."

„Ja und?", Milo begriff nicht.

„Als wir heute Nacht Eugen aus der Voliere geholt haben und aus unserem Zimmer sind, hat die Kirchenuhr geschlagen. Da war es zwei Uhr nachts. Also waren wir zwischen zwei und drei Uhr bei Sheila an der Voliere. Ich frage euch: Wieso hat die Kamera das nicht aufgezeichnet?"

Lars kreuzte seine Arme vor der Brust und lehnte sich zurück.

„Verdammt", schoss es Tore durch den Kopf, „du hast Recht. Wir waren genau in der Zeit, in der auf dem Videoband nichts zu sehen war, an der Voliere gestanden. Das hätte die Kamera aufzeichnen müssen."

„Worauf wollt ihr hinaus?", fragte Eugen.

„Das ist doch ganz einfach, Eugen", erklärte Lars, „die Kamera hat nicht das aufgezeichnet, was sich tatsächlich in dieser Nacht abgespielt hat. Die Einbrecher hatten also keine Mühe Sheila zu stehlen, ohne erkannt zu werden."

„Ich verstehe", nickte Eugen.

„Das bedeutet", fuhr Tore fort, „dass ich mich nicht getäuscht hatte, als der Typ sich vor mir versteckt hatte. Das bedeutet auch, dass die Kamera manipuliert war."

„Und die Alarmanlage garantiert auch", ergänzte Lars.

„Das ist es", freute sich Milo.

„Ob ihr es mir glaubt oder nicht", lächelte Lars, „ich habe auch schon eine klare Vermutung."

Eine heiße Spur

Lars war sich sicher, der Lösung des Rätsels dicht auf der Spur zu sein. Auch Tore und Milo war klar, dass Lars auf dem richtigen Weg war. Eugen staunte nicht schlecht, als ihm Tore, Milo und Lars von ihrem Verdacht und dem damit verbundenen Plan erzählten. Lars schlug vor, der Firma, die die Alarmanlagen und das Kamerasystem installiert hatten, einen Besuch abzustatten. Eugen war von dieser Idee wenig begeistert, vertraute aber seinen Freunden, in der Hoffnung Sheila zu finden.

„Du brauchst keine Angst zu haben, Eugen", versicherte Lars, „wir wollen uns nur einmal auf dem Gelände umsehen, mehr nicht."

„Also gut", nickte Eugen vorsichtig, „ich komme mit. Aber ihr müsst mir versprechen, dass wir Sheila finden."

„Das können wir nicht versprechen", schüttelte Tore den Kopf, „aber wir können dir versprechen, alles zu tun, um sie wiederzufinden."

Ängstlich und misstrauisch führte Eugen seine Freunde aus der Burg. Gegenüber dem Burgtor führte ein schmaler Wanderpfad direkt in den

Wald und hinunter zum Dorf. Tore, Milo und Lars waren froh, dass sie nicht den Weg laufen mussten, den sie mit dem Auto zur Burg genommen hatten. Der schmale Wanderweg führte in Serpentinen durch den Wald, vorbei an einer kleinen Kapelle, direkt ins Dorf. Kaum zehn Minuten waren vergangen, als sie mitten in Neckarmühlbach standen. Eugen kannte sich in dem Ort gut aus und konnte seine Freunde geradewegs zur Sicherheitsfirma bringen. Vor dem Firmengelände blieben sie stehen. Ein hoher Metallzaun trennte das Gelände von der Straße. Die breite Hofeinfahrt war mit einem schweren Rolltor versehen, das zum Glück geöffnet war. Unauffällig und vorsichtig schlichen die Kinder um das Tor herum, bis Lars mit den Händen Zeichen gab, schnell in den Hof zu laufen und sich hinter einer kleinen Baracke zu verstecken. Wie Soldaten schlichen Tore, Milo und Eugen so schnell wie nur irgend möglich Lars hinterher und suchten hinter einer Baracke Schutz. Eugen rutschte sein Herz vor Angst in die Hose. Worauf hatte er sich hier nur eingelassen? Auf leisen Sohlen schlichen die Kinder mit Lars an der Spitze um die Baracke herum und erkannten auf der anderen Seite des Hofes ein Bürogebäude. Milo und Eugen trauten sich kaum hinzusehen und blieben hübsch in Deckung. Tore und Lars trauten sich weit genug vor, um genau erkennen zu können, ob jemand auf dem Firmengelände war.

„Ihr bleibt hier", flüsterte Lars Milo und Eugen zu, „Tore und ich schauen uns einmal genauer um. Versteckt euch und bleibt in Deckung."

Eugen und Milo setzten sich auf den Boden und zogen ihre Knie ganz nah an sich heran. Lars und Tore wagten sich aus dem Versteck und arbeiteten sich an Bäumen und Autos vorbei bis zum Bürogebäude. Auf Tores Zeichen hin huschten sie geduckt an der Bürotür vorbei unter ein breites Fenster und blieben in der Hocke sitzen. Während Lars den Hof überblickte, stand Tore auf und riskierte einen Blick in das Bürogebäude. Es schien niemand da zu sein, die Lichter waren aus und die Monitore der Computer dunkel. Hinter dem Schreibtisch war eine große weiße Tafel zu sehen, unter der ein breiter Aktenschrank stand. Tore betrachtete alles sehr genau und hoffte, irgendetwas Verdächtiges zu entdecken. Auf dem Aktenschrank lagen verschiedene Fotoabzüge. Tore bildete sich ein, Sheila darauf zu erkennen. Plötzlich hörte er ein leises Surren. Er erschrak und ging in die Hocke. Da zupfte ihn auch schon Lars an der

Hose und zeigte hinüber zur Baracke. Dort wedelte Milo wie wild mit den Armen und deutete aufgeregt an, dass Tore und Lars zurückkommen sollten. Sich der großen Gefahr bewusst, erwischt zu werden, liefen Lars und Tore zu Eugen und Milo hinter die Baracke.

„Was ist denn los?", schnaufte Lars.

„Psst", machte Milo, „hört doch mal."

Angestrengt lauschten Lars und Tore, konnten allerdings nichts hören.

„Was soll da sein?", fragte Tore genervt.

„Da ist Sheila", flüsterte Eugen aufgeregt.

„Was?", Lars konnte es nicht glauben.

Tatsächlich drangen aus der Baracke Geräusche, die man einem Greifvogel zuordnen konnte. Allerdings waren diese Geräusche so leise und undeutlich, dass es auch etwas völlig anderes sein konnte. Eugen hingegen war sich absolut sicher, seinen Vogel gehört zu haben und war kaum zu bremsen.

„Wir müssen in diese Baracke", befahl er.

„Das ist Schwachsinn", bremste ihn Lars, „wie schnell werden wir erwischt. Und was sollen wir dann sagen?"

Auch Tore und Milo fanden Eugens Idee nicht sonderlich gut, doch war es schwierig, Eugen von seinem Vorhaben abzubringen. Nur mit viel Mühe und gutem Zureden gelang es den Freunden, Eugen davon zu überzeugen, dass dies eine unüberlegte Dummheit sei. Stattdessen versprachen sie ihm, die Baracke genauer zu untersuchen. Leise schlichen die vier Freunde um die Baracke herum, um ein Fenster zu finden, das ihnen Klarheit verschaffen könnte. An den hinteren Wänden war nichts zu finden und so beschlossen sie, vorsichtig die Vorderseite der Baracke zu untersuchen. Tatsächlich fanden sie dort ein kleines schmutziges Fenster, durch das man kaum sehen konnte. Alle klebten an der Scheibe als plötzlich unbemerkt jemand hinter ihnen auftauchte.

„He, was macht ihr hier?", schrie eine tiefe Stimme.

Fast zu Tode erschrocken drehten sich die Kinder um und blickten in ein grimmiges Gesicht mit Vollbart und langen schwarzen Haaren. Milo versteckte sich vor Angst hinter einem Baum. Der Typ war nicht sehr groß, aber ziemlich dick. Den Kindern blieb die Spucke weg. Wie versteinert standen sich die Kinder und der Mann gegenüber. Keiner sprach ein Wort. Sekunden vergingen wie Minuten.

„Ich habe euch etwas gefragt", schrie der Mann wieder.

„Wir kommen von der Burg", Lars fand zuerst seine Sprache wieder.

„Um bei uns in der Baracke zu schnüffeln?", brummte der Mann.

„Nein", schüttelte Lars den Kopf, „wir dachten, in der Baracke könnte jemand sein, der uns zu ihrem Chef führt. Im Büro war niemand."

„Ich bin der Chef hier", brummte der Mann, „was wollt ihr von mir?"

„Wir wollten nur fragen…", Lars stockte. Was sollte er jetzt nur sagen?

„…ob die Rechnung schon fertig ist", rettete ihn Tore, „der Baron schickt uns."

„Ach die Rechnung", der Mann zog misstrauisch die Augenbrauen hoch.

Dann pfiff er laut und grell. Wenige Sekunden später kam ein Mann aus einem weiteren Gebäude auf die Kinder zu.

„Stefan", sagte der Chef zu dem Mann, „das sind die Kinder von der Burg. Sie fragen, ob die Rechnung schon fertig sei."

Der Mann, der Stefan hieß, drehte sich um und verschwand kurz in dem Gebäude. Als er wiederkam, hielt er ein paar weiße Zettel in seiner Hand. Er ging auf den Chef zu, der inzwischen ganz nah an die Kinder herangetreten war und streckte ihm die Zettel entgegen. Der Chef schnappte sich die Zettel und studierte sie kurz. Dann schaute er zu den Kindern auf und versicherte ihnen, dass die Rechnung längst mit der Post unterwegs sei. Während Lars sich höflich bei den Herren entschuldigte und sich verabschiedete, schauten Tore und Eugen wie gebannt diesen Stefan an. Dieser wich so gut es ging ihren Blicken aus, schnappte sich die Zettel und verschwand schnurstracks im Haus. Schnell verabschiedeten sich Tore und Eugen und drängten Milo und Lars vom Hof.

„Was ist denn los?", schimpfte Lars, „was ist denn in euch gefahren?"

Tore sagte kein Wort und zerrte Lars und Milo weg vom Firmengelände zurück auf den Waldweg. Eugen folgte ebenso sprachlos. Erst im Wald brach Tore sein Schweigen.

„Milo, hast du dir den Typ einmal genau angeschaut?", fragte Tore seinen Bruder.

„Nein, wie denn?", antwortete Milo, „ich stand die ganze Zeit hinter dem Baum."

„Du, Lars?", fragte Tore weiter.

„Worauf willst du hinaus?", wollte Lars wissen.

„Der Typ", erklärte Tore, „der die Zettel gebracht hat, hat verdammte Ähnlichkeit mit einem der Typen, die bei der Greifvogelschau vor uns saßen. Die gleiche Ähnlichkeit hat er auch mit dem Typ, den wir auf der Burg beim Anbringen der Kamera beobachtet haben."

„Das ist kein Wunder", lachte Lars, „du großer Meisterdetektiv. Der Typ arbeitet für diese Firma. Logisch, dass er derjenige sein kann, der die Kameras installiert hat."

„Das schon", sagte Tore schnippisch, „aber es ist eben der Typ, der die Fotos gemacht hat. Der Teufel soll mich holen, wenn die Fotos auf dem Aktenschrank nicht Fotos von Sheila sind."

„Und mich soll der Teufel holen", unterbrach Eugen, „wenn der Riesenkratzer auf der Hand von diesem Stefan nicht ein Kratzer von Sheila ist."

„Stimmt", nickte Tore, „das habe ich auch gesehen. Dieser Stefan hatte auf seinem Handrücken einen ungewöhnlich langen und tiefen Riss."

„Ihr meint also…", überlegte Lars.

„Wir meinen nicht nur", unterbrach ihn Tore, „sondern wir sind uns ganz sicher, dass wir die Täter bereits gefunden haben. Allein die Warze macht mich ziemlich sicher."

„Die wilden Fotografen bei der Vogelschau", kombinierte Lars, „sie haben Fotos gebraucht von Sheila. Stimmt, kaum war Sheilas Auftritt vorbei, waren die beiden Fuzzys auch schon verschwunden. Erinnert ihr euch?"

Tore und Milo nickten.

„Einer der beiden Typen installiert auf der Burg ein Sicherheitssystem, mit dem er sich bestens auskennt. Es ist für ihn ein Leichtes, dieses so zu manipulieren, dass nichts Verdächtiges darauf zu sehen ist."

„In der Baracke hören wir Geräusche", ergänzte Milo, „von denen Eugen überzeugt ist, dass sie von Sheila stammen."

„Und der Kratzer", überlegte Eugen weiter, „stammt garantiert von einem Greifvogel. Ich selbst hatte einige dieser Kratzer. Sheilas Krallen sind messerscharf. Da kannst du aufpassen, wie du willst, das passiert ganz schnell. So wie der Kratzer ausgesehen hat, passt das ganz genau zu Sheila."

„Na dann haben wir ja die Verbrecher", freute sich Milo.

„Die Verbrecher vielleicht", überlegte Lars, „aber keine Beweise."

„Wir können mit unseren Vermutungen unmöglich zur Polizei gehen. Das glauben die uns nicht", sagte Tore.

„Doch wenn wir die Verbrecher auf frischer Tat ertappen?", lächelte Eugen verschmitzt.

„Wie willst du das anstellen?", fragte Lars neugierig.

„Das ist doch ganz einfach", lächelte Eugen, „wir müssen sie nur auf die Burg locken und eine wunderschöne Falle für sie bereithalten. Wenn wir sie erst in der Falle haben, ist der Rest ein Kinderspiel. Glaubt mir, ich kenne die Burg und ich kenne wunderbare Fallen."

Tore, Milo und Lars schauten sich erstaunt an und zuckten nur mit ihren Schultern. Eugen jedoch stapfte siegessicher davon.

Genialer Plan

Lars wachte zuerst auf und rieb sich die Augen. Kaum war er aus seinem Bett gestiegen, wurden auch Tore und Milo wach. Die helle Morgensonne strahlte in das Zimmer und die drei Freunde zogen sich schnell an. Alle waren gespannt, welchen Plan Eugen ausgeheckt hatte. Im Eiltempo verließen sie ihr Zimmer, um Eugen zu suchen.

„Habt ihr eine Ahnung, was Eugen vor hat?", fragte Lars seine Cousins.

„Nicht die Bohne", antwortete Tore.

„Er wollte die Diebe auf die Burg und dort in eine Falle locken", überlegte Milo, „was er wohl damit meint?"

„Das werden wir hoffentlich bald erfahren", meinte Lars.

Sie erreichten das Wohnzimmer, in dem Eugen mit seiner Familie bereits beim Frühstück saß. Wohl gelaunt und lachend saß Eugen seinem Vater gegenüber und löffelte in seinem Müsli. Tore, Milo und Lars wussten zwar, dass Eugen einen Plan hatte, konnten sich seine gute Laune aber dennoch nicht erklären.

„Guten Morgen", sagte Lars und setzte sich an den großen Tisch.

Tore und Milo begrüßten ebenfalls die Braunecks und setzten sich neben Lars. Eugen rutschte weiter aufgeregt auf seinem Stuhl umher, bis ihn sein Vater misstrauisch anschaute.

„Was ist denn los, Eugen?", fragte er mit einem tiefen Schnaufen.

„Es ist wegen Sheila", begann Eugen ohne lange nachzudenken.

„Was ist mit Sheila?", fragte Baron von Brauneck neugierig.

„Ich habe eine Idee, wie wir sie wieder zurück bekommen können", platzte Eugen heraus.

Tore, Milo und Lars blieb beinahe das Müsli im Hals stecken. Sie warfen Eugen böse Blicke zu, die Eugen jedoch gekonnt ignorierte.

„Wie bitte?", erschrak auch der Baron, „woher willst du überhaupt wissen, wo Sheila ist?"

„Ich weiß es gar nicht", log Eugen, „ich habe nur so eine Vermutung."

Alle am Tisch schauten erwartungsvoll Eugen an. Dieser fühlte sich in dieser momentanen Rolle sichtlich wohl. Genüsslich schob er den Löffel mit dem Müsli in den Mund, nicht ohne sein Publikum genau zu beobachten.

„Was weißt du von Sheila?", hakte Baron von Brauneck nach.

Tore, Milo und Lars schnürte es den Hals zu. Wie würde der Baron reagieren, wenn er erfährt, dass sie auf dem Gelände der Firma herumgeschnüffelt hatten? Keiner konnte mehr etwas essen. Am liebsten hätten sie Eugen zur Warnung ans Bein getreten, doch dafür saß er zu weit weg. Die wenigen bösen Blicke, die sie Eugen zuwerfen konnten, ohne dass der Baron oder die Baronin etwas merkte, ignorierte Eugen.

„Ich weiß wirklich gar nichts", versicherte Eugen sehr zur Freude von Tore, Milo und Lars, „ich habe mir nur gedacht, dass man sie ganz einfach in eine Falle locken könnte."

„In eine Falle locken?", fragte die Baronin.

„Ja", bestätigte Eugen, „scheinbar haben sie es auf wertvolle Vögel abgesehen und wer könnte ihnen diese besser liefern als wir?"

„Bist du jetzt ganz übergeschnappt?", schüttelte der Baron den Kopf.

„Ich meine doch nur, dass wir sie damit noch einmal auf die Burg locken könnten", ergänzte Eugen.

Ungläubig, entsetzt und doch neugierig schauten sich der Baron und die Baronin an.

„Dazu müssten wir nur so tun, als ob im Turm etwas besonders Wertvolles sei und dort eine weitere Alarmanlage installieren lassen", erklärte Eugen.

Tore, Milo und Lars konnten sich noch keinen Reim darauf machen, was Eugen im Schilde führte und hielten sich völlig zurück. Eugen schaffte es mit viel Geschick, seinem Vater das Versprechen abzunehmen, im Bergfried eine weitere Alarmanlage einrichten zu lassen. Die drei hatten den Eindruck, dass der Baron Eugens Idee nur zugestimmt hatte, um ihn zu beruhigen.

Jetzt, nachdem der Baron zugestimmt hatte, die Firma ein weiteres Mal mit dem Einbau einer Alarmanlage zu beauftragen, stand Eugen freudestrahlend auf, bedankte sich artig bei seinen Eltern und verließ pfeifend den Raum.

„Eugen", schnaufte der Baron tief durch und schaute mit einem leichten Kopfschütteln Tore, Milo und Lars an.

Obwohl sie kaum etwas gegessen hatten, behaupteten die drei satt zu sein und baten um Erlaubnis Eugen zu folgen. Aufgeregt erhoben sie sich von ihren Stühlen, wünschten dem Baron und der Baronin einen schönen Tag und sausten aus dem Zimmer. Schnurstracks stapften sie auf Eugens Zimmer zu. Kaum hatten sie das Zimmer erreicht, rief schon Eugen nach ihnen. Tore, Milo und Lars betraten Eugens Zimmer und wunderten sich über ihren völlig verwandelten Freund. Noch vor wenigen Tagen war Eugen ein zurückhaltender, ängstlicher kleiner Junge, der sicher weniger Mut hatte als jeder andere Junge seines Alters. Noch am Tag zuvor hätte er sich auf dem Gelände der Firma beinahe in die Hosen gemacht und plötzlich wirkte Eugen erwachsen und heldenhaft zugleich. Das Ziel, Sheila wieder zu bekommen und sein vermeintlich genialer Plan ließen Eugen über sich hinauswachsen.

„Was ist denn mit dir passiert?", fragte Lars.

„Freunde", präsentierte sich Eugen stolz, „ich habe den absolut genialen Plan, wie wir Sheilas Diebe überführen und Sheila retten können."

Tore, Milo und Lars setzten sich auf Eugens Bett und konnten kaum abwarten, was Eugen ausgeheckt hatte. Ihre Herzen schlugen im Akkord und nervös kneteten sie ihre Hände. Eugen lehnte sich cool und entspannt in seinen Stuhl und klärte die drei Jungs über sein Vorhaben auf. Mit jedem Satz, mit dem Eugen seinen Plan näher erklärte, fanden Tore, Milo und Lars die Idee spannender und sicherten Eugen zu ihm zu helfen.

Um sein Vorhaben zu verdeutlichen, führte Eugen seine Freunde in den Bergfried, in dem sein Plan seine Vollendung finden sollte. Tore, Milo und Lars schauten sich alles genau an und hörten gespannt zu, wie Eugen seine Idee verwirklichen wollte. Eugen war absolut sicher, dass sein Plan klappen und er schon bald Sheila zurück haben würde.

„Also", fragte Eugen seine Freunde, „seid ihr dabei?"

„Klar sind wir dabei", antworteten die drei.

„Wann soll es losgehen?", wollte Tore wissen.

„Sobald die Herren von der Firma antanzen und die Anlage einbauen wollen", erklärte Eugen.

„Meint ihr, da kann auch wirklich nichts passieren?", frage Milo vorsichtig.

„Es kann nichts passieren", antwortete Tore genervt.

Lars rollte nur kurz die Augen und schon war Eugen wieder auf dem Sprung aus dem Bergfried.

„Ich werde mal meinen Vater fragen, wann die Herren kommen", sagte Eugen und hüpfte an der Burgmauer entlang vom Bergfried zurück ins Museumsgebäude.

Noch bevor Tore, Milo und Lars den kurzen schmalen Weg auf der Burgmauer vom Bergfried hinüber in das Museumsgebäude geschafft hatten, sahen sie Eugen im Innenhof aus dem Museumsgebäude kommen und im Wohngebäude verschwinden.

„Eugens Plan könnte klappen", überlegte Lars.

„Wollen wir es hoffen", meinte Tore, „ich würde es ihm wünschen, dass er seine Sheila bald wieder hat."

„Nur musst du richtig mitspielen", forderte Tore seinen kleinen Bruder auf.

„Ihr seid lustig", lächelte Milo gequält.

„Du wirst das schon schaffen", machte ihm Lars Mut.

Milo war wenig entzückt darüber, in Eugens Plan die Hauptrolle spielen zu müssen, doch wollte er auch nicht als Feigling dastehen und fügte sich den Erwartungen seiner Freunde. Nachdenklich stieg er hinter Tore und Lars die steinerne Wendeltreppe hinunter. Immer wieder mussten sie kurz anhalten, um den Besuchern den Weg nach oben frei zu machen. Als sie das Ende der Wendeltreppe erreicht hatten, hörten sie aus dem kleinen Seitenraum das Geräusch des schnaubenden Pferdes, das irgendein Besucher durch das Drücken des Schalters zum

Leben erweckt hatte. Die Dame an der Kasse lächelte ihnen kurz zu und die drei Freunde verließen das Museumsgebäude. Im Hof tummelten sich zahlreiche Touristen, die sich offensichtlich noch nicht für den Besuch des Museums entschließen konnten. Schon kam Eugen aus dem Wohngebäude gesaust und stürmte auf seine Freunde zu.

„Jungs", verkündete Eugen fröhlich, „haltet euch bereit. Es geht bald los. Schon nach Feierabend wollen die Monteure anrücken."

„Dann bleibt uns gerade noch genug Zeit, alles vorzubereiten", überlegte Lars mit einem Blick auf seine Armbanduhr.

„In weniger als einer Stunde wird die Burg für die Besucher geschlossen", sagte Tore.

„Mein Vater hat gleich bei der Firma angerufen und ihnen erklärt, dass er den Bergfried zusätzlich sichern möchte. Er hat es so gut gemacht, dass sogar ich beinahe glaubte, im Bergfried sei etwas ganz Wertvolles versteckt", erzählte Eugen.

„Wir hätten dich heute Morgen echt erschlagen können", meinte Lars, „zum Glück hast du nichts verraten."

„Ich bin ja nicht bekloppt", sagte Eugen, „schließlich kenne ich meinen Vater. Vielmehr Sorge hatte
ich, dass der Chef der Firma etwas von unserem
Besuch zu meinem Vater sagen könnte, wenn sie
telefonieren. Aber zum Glück war wohl die Sekre-
tärin am Apparat und die wusste ja von nichts."

„Meine Güte", schnaufte Tore, „stimmt. Das war
aber schon riskant, nicht wahr?"

„No risk, no fun", antwortete Eugen und wirkte
dabei ganz besonders locker.

Tore, Milo und Lars verschwanden mit Eugen in
ihrem Zimmer und bereiteten alles für Eugens Plan
vor. Alle waren aufgeregt, besonders jedoch Milo,
dem die Idee noch immer nicht richtig schmecken
wollte.

Eugens großer Tag

Nicht lange, nachdem die Pforten für die Besucher geschlossen wurden, rückte ein kleiner Transporter an. Tore und Lars hatten sich im Kassenhäuschen versteckt und informierten Milo und Eugen über kleine Walkie Talkies, die Eugen aus einer Schublade in seinem Zimmer gekramt hatte. Milo und Eugen hatten sich im Museumsgebäude versteckt und warteten dort gespannt, bis die Monteure in den Bergfried wollten. Milo hatte vor Aufregung ständig das Gefühl auf die Toilette zu müssen. Eugen hatte große Mühe, Milo ruhig zu halten. Tore und Lars hatten ihr Versteck inzwischen verlassen und folgten dem Transporter in sicherer Entfernung in den Innenhof. Da der schmale Fahrweg eine große Kurve beschrieb, konnten sie sich optimal in Deckung halten. Unbemerkt überquerten sie kurz vor der Einfahrt in den Innenhof den Weg und huschten in den kleinen Seitengang, durch den sie nachts aus dem Burggelände kommen konnten. Sie konnten beobachten, wie zwei Männer ausstiegen und aus dem Fahrzeug verschiedene Taschen, Material und Geräte richteten. Tore und Lars waren sich beide sicher, die beiden Typen von der Vogelschau erkannt zu haben. Die fiesen Gesichter und die ekelhafte Warze des einen waren unverkennbar. Lars schob einen Ast zur Seite, um die beiden besser sehen zu können.

„Das sind sie tatsächlich", flüsterte er, „jetzt müssen wir nur warten, bis sie im Museumsgebäude verschwunden sind."

„Da schau", sagte Tore leise, „der Baron kommt. Er erklärt den Typen, was zu tun ist."

Baron von Brauneck stand neben den beiden Monteuren und zeigte zuerst auf den Bergfried und anschließend den Weg über die Burgmauern. Mit ausgestrecktem Arm wedelte er in Richtung Bergfried und Burgmauern. Tore und Lars vermuteten, dass er damit andeuten wollte, hier irgendwo die Alarmanlage installieren zu wollen.

„Sollen wir Milo und Eugen warnen?", fragte Tore.

„Hier draußen?", spottete Lars, „dann können wir gleich hoch ins Museum rufen. Lass uns in den Seitengang verschwinden. Dort können wir Milo und Eugen anfunken, ohne dass es jemand merkt. Hoffentlich haben die ihr Gerät leise gestellt."

Tore und Lars rutschten zurück in den Seitengang neben dem Burgtor und hockten sich vor die Öffnung, hinter der der Geheimgang nach oben in ihr Zimmer führte. Lars drückte den Sprechknopf am Walkie Talkie und gab Milo Signal, dass die beiden Monteure in den nächsten Minuten kommen würden. Kaum hatte Lars den Sprechknopf losgelassen, fing das Gerät an zu kratzen und zu surren und Milos Stimme drang leise daraus hervor.

„Wir sind soweit", hörten Lars und Tore leise Milos Stimme, „verdammt, ich habe Angst."

„Reiß dich zusammen, Milo", flüsterte Tore leise aber bestimmt in das Gerät, „du schaffst das. Immerhin bist du mein Bruder."

Lars und Tore mussten trotz aller Aufregung über Tores letzten Satz schmunzeln. Vorsichtig schlich sich Tore ein weiteres Mal aus ihrem Versteck und sah nach den Monteuren. Er kam mit der Nachricht zurück, dass sie verschwunden waren und die Operation Sheila, wie die vier ihr Abenteuer nannten, beginnen konnte. Lars und Tore verließen ihr Versteck und schlichen leise und vorsichtig zum Museumsgebäude. Behutsam gingen sie die Treppen hoch, am Kassenhäuschen vorbei in Richtung steinerne Wendeltreppe. Ein kurzer Blick in den Nebenraum mit dem Ritter auf dem Pferd reichte, um sicherzugehen, dass sich niemand darin befand. Als sie an der Wendeltreppe angekommen waren, hörten sie deutlich die Stimmen der beiden. Tore und Lars schlichen sich leise hinterher und kamen den beiden immer näher. Die Stimmen wurden lauter und deutlicher.

„Ohne Grund lässt der Alte hier keine Alarmanlage anbringen", hörten sie den einen sagen, „hier oben muss etwas Besonderes sein und das werden wir finden."

„Wenn wir noch eine Weile darüber reden", meinte der andere, „hört uns einer. Dann sind wir dran. Also halt jetzt lieber deine Klappe."

Es war kurz ruhig und Lars und Tore konnten sich näher an die beiden heranschleichen.

„Hier muss es bald raus auf die Burgmauer gehen", hörten sie einen der beiden sagen.

„Dort sollen wir irgendwo das Ding anbringen", sagte der andere.

Tore und Lars war nun klar, wo sich die beiden befanden. Milo und Eugen mussten also schon im Bergfried sein. Eugen wollte sich im Bergfried verstecken und dort die Diebe in eine Falle locken. Noch konnten sich Tore und Lars nicht erklären, was genau er vorhatte. Eugen wollte es nicht sagen, als er seinen Plan vorstellte. Bald hatten sie den Übergang zum Bergfried erreicht und mussten nun noch vorsichtiger sein. Hinter der gewaltigen Holztür, die hinaus auf die Burgmauer führte, nahmen sie ihr neues Versteck ein. Weiter konnten sie sich nicht heranpirschen, da es weiter vorne keine Versteckmöglichkeiten mehr gab. Tore und Lars kauerten sich in eine dunkle, stickige Nische hinter der Tür und warteten ab. Bald müsste Milo angerannt kommen, so war zumindest Eugens Plan. Und tatsächlich dauerte es nicht lange, bis sie Milo schreien hörten.

„Mein Freund ist hinuntergefallen", schrie Milo aufgeregt und kam immer näher.

Er musste die beiden Monteure erreicht haben, da seine Stimme nicht mehr lauter wurde.

„Sie müssen mir helfen", jaulte er, „mein Freund ist gestürzt."

Milo hatte offensichtlich größte Mühe, die beiden zur Hilfe zu bewegen. Bald aber entfernte sich Milos Stimme wieder und Tore und Lars verließen ihr Versteck. Das leise Geräusch, das ihre Füße auf dem steinernen Weg verursachten, wurde durch lautes Herzklopfen übertönt. Beide hatten vor Aufregung klatschnasse Hände. Sie mussten Eugens Plan vertrauen. Ab hier würde Eugen das schon machen, hatte er Tore, Milo und Lars zuvor erklärt. Wenn die beiden Monteure nun zurückkommen würden, kämen sie in ernsthafte Schwierigkeiten. Hier gab es keinerlei Versteckmöglichkeiten. Ängstlich schlichen Tore und Lars den Weg an der Burgmauer hinüber zum Bergfried entlang, immer die Möglichkeit im Auge, jederzeit umdrehen und weglaufen zu können. Sie konnten erkennen, dass Milo die beiden bereits in den Bergfried geführt hatte. Aber wo war Milo jetzt? Zum ersten Mal hatte Tore Angst um seinen kleinen Bruder. Schon hatten Tore und Lars den Eingang zum Bergfried erreicht. Vor der Tür blieben sie stehen und lauschten.

„Hilfe", hörten sie jemanden rufen.

„Das ist Eugen", flüsterte Lars Tore zu.

„Hier unten ist er", hörten sie Milo weinen.

Tore und Lars schauten sich fragend an.

„Du bleibst hier oben", sagte der eine Mann, „wir kümmern uns um deinen Freund. Hol lieber den Baron. Los!"

Zuerst war es ruhig, dann knallte etwas furchtbar laut und anschließend hörten Tore und Lars Schritte. Ihr Herz platzte fast vor Angst. Nirgendwo konnten sie sich verstecken. Plötzlich kam Milo aus dem Bergfried gerannt und erschrak, als er seinen Bruder und seinen Cousin beinahe in die Arme lief.

„Alles klar?", begrüßte ihn Tore, „hat alles geklappt?"

„Was ist mit Eugen", fragte Lars aufgeregt, „was treibt er da?"

„Eugen ist ein prima Kerl", versicherte Milo, „auf den kann man sich echt verlassen. Der hat Mut."

„Was ist passiert?", platzte Tore beinahe.

„Eugen ist durch eine kleine Öffnung in eine Art Kerker unter dem Bergfried geklettert. Dort habe man früher auch die Eindringlinge gefangen gehalten, hat er mir erklärt."

„Das Angstloch", sagte Lars aufgeregt, „und dann?"

„Dann mussten wir warten, bis die beiden Monteure kamen. Ich sollte sie holen und zum Kerker locken. Irgendwie musste es mir gelingen, sie in den Kerker zu lotsen. Als sie beide nach unten geklettert waren, sollte ich von oben den Eingang abriegeln."

„Und Eugen?", schrie Tore.

„Um den brauchte ich mir keine Sorgen machen", erklärte Milo, „er wisse schon, was zu tun ist, sagte Eugen. Kommt jetzt, wir müssen die Polizei rufen."

Tore und Lars machten sich große Sorgen um Eugen. Schließlich war er mit den Gangstern im Kerker gefangen. Umso schneller rannten sie zurück ins Museumsgebäude, die steinerne Wendeltreppe hinunter und hinüber zum Wohngebäude. Völlig außer Atem erreichten sie Baron von Brauneck. Sie trauten ihren Augen nicht, als sie neben dem Baron Eugen sitzen sahen.

„Wie kommst du hierher?", fragten sie nach Luft ringend.

Eugen grinste und schaute seinen Vater an.

„Mich würde überhaupt interessieren, was hier gespielt wird", sagte Baron von Brauneck, „warum seid ihr völlig außer Atem und du so schmutzig, Eugen?"

„Das können wir dir alles erklären, wenn wir die Polizei gerufen haben", sagte Eugen mutig.

„Die Polizei?", wunderte sich der Baron.

„Ja, die Polizei", versicherte Eugen, „wir haben Sheilas Diebe gefangen."

„Bitte?", der Baron war außer sich.

Tore schnappte sich das Telefon und fragte kurz den Baron, ob er telefonieren dürfe. Dieser nickte zwar, forderte aber sofortige Aufklärung."

Nachdem Tore die Polizei angefordert hatte, setzten sich Tore, Lars und Milo zu Eugen, der zu erzählen begann. Der Baron vergaß vor lauter Zuhören beinahe das Atmen. Eugen erzählte ihm alles ganz genau und selbst, als er gestand, bei der Firma gewesen zu sein und geschnüffelt zu haben, sagte der Baron nichts.

„…und deshalb musstest du unbedingt die Firma noch einmal beauftragen. Tore und Lars waren sich sicher, dass die beiden nichts Gutes im Schilde führten und als ich die Hand des einen sah, war mir klar, dass der Kratzer darauf nur von Sheila stammen konnte. Dann habe ich mir die Sache mit dem Kerker einfallen lassen. Du hast mir die Geschichte früher immer wieder erzählt. Das Angstloch, wie du es nanntest, habe ich damals bald gefunden und mir alles ganz genau angesehen. Für die Diebe von Sheila war das genau das richtige."

Der Baron traute seinen Ohren nicht. Es stimmte, er hatte Eugen früher immer wieder von dem Kerker im Bergfried erzählt. Dass er damit die Abenteuerlust seines Sohnes weckte, war ihm damals nicht bewusst.

„Tore und Lars", erzählte Eugen weiter, „mussten uns Bescheid geben, wann die Monteure kommen. Dann sind Milo und ich hoch zum Bergfried gestiegen und haben die Luke geöffnet. Als die beiden Verbrecher hier waren, bin ich hinunter geklettert und habe gewartet, bis Milo die beiden zu mir hinunter gelotst hatte. Milo hat saubere Arbeit geleistet, man hätte meinen können, es sei tatsächlich etwas passiert."

Milo setzte sich kerzengerade hin, um seinem Stolz Ausdruck zu verleihen.

„Als die beiden die Stiegen herunterkamen, versteckte ich mich direkt vor meinem Fluchtloch. Milo hat oben den Fluchtweg für die beiden verriegelt und da es dann stockdunkel war, konnte ich mich unbemerkt verdrücken. Du weißt ja, dass es hier sehr viele geheime Gänge und Wege gibt. Ich wusste ganz genau, wohin ich musste. Logischerweise war ich ganz leise und verriegelte auch diesen Fluchtweg für die beiden. Ich habe sie nur noch fluchen hören und bin abgezwitschert. Ruckzuck war ich aus dem Bergfried verschwunden und hier im Hauptgebäude gelandet."

„Du hast den Geheimweg gefunden?", wunderte sich der Baron.

„Ja", nickte Eugen, „eigentlich wollte ich das Geheimnis lieber für mich behalten, aber Sheila zuliebe habe ich das jetzt doch preisgegeben."

„Und woher wollt ihr sicher sein, die richtigen Diebe gefangen zu haben?", wollte der Baron wissen.

„Das wissen wir noch nicht ganz sicher, aber das wird sich herausstellen, wenn die Polizei hier ist", antwortete Eugen.

„Ihr seid mutig", schüttelte der Baron den Kopf, „wenn es die falschen sind, könnt ihr euch auf etwas gefasst machen."

Doch Tore, Milo, Lars und Eugen waren sich sicher, die richtigen Verbrecher gefangen zu haben.

„Kommt jetzt", drängte Eugen, „wir wollen die Armen nicht so lange schmoren lassen. Die Polizei müsste ebenfalls gleich hier sein."

„Halt", rief Milo, „eines müsst ihr mir noch erklären. Warum musste ausgerechnet ich den Köder spielen?"

„Na überleg doch mal", antwortete Tore, „als wir auf dem Gelände der Firma erwischt wurden, hast du Angsthase dich hinter einem Baum versteckt. Was wir damals ziemlich blöd fanden, kam uns jetzt gerade richtig. Uns haben die Kerle gesehen und sie hätten garantiert Lunte gerochen, wenn einer von uns den Köder gespielt hätten. Dich haben sie kaum gesehen und konnten dich nicht erkennen."

„Kommt jetzt", drängelte Eugen erneut", ich glaube, die Polizei ist da."

Sofort standen alle auf und rannten aus dem Zimmer. Im Eiltempo huschten sie die Treppe hinunter und sausten hinaus in den Innenhof. Hinter dem Transporter stand ein Polizeiauto und zwei Polizisten stiegen aus. Die Kinder rannten auf sie zu und lotsten sie ins Museumsgebäude. Unterwegs zum Bergfried erklärten die Kinder den Polizisten, was geschehen war.

Kaum hatten sie den Bergfried erreicht, hörten sie die lauten Hilferufe der beiden Gefangenen. Eugen kniete sich hin und öffnete die Verriegelung. Nur einen kleinen Spalt weit hob er die Luke an und fragte nach Sheila.

„Du sollst deinen bescheuerten Vogel haben", rief der eine Kerl, „aber hol uns endlich hier raus."

„Das war ja dann wohl ein Geständnis", rief Tore in den Kerker hinab.

„Wo ist Sheila?", wollte Eugen wissen.

„Das sagen wir euch erst, wenn ihr uns hier rausholt", rief der andere Mann aus dem Kerker.

Eugen klappte die Luke vollständig auf und Tore leuchtete mit einer Taschenlampe hinunter. Wie zwei kleine Mäuschen hockten die beiden Verbrecher in ihrem Gefängnis. Im Schein der Lampe standen sie auf und kletterten die Stiege hinauf. Oben wurden sie von den beiden Polizisten in Empfang genommen.

In den finsteren Gesichtern der beiden Diebe spiegelte sich plötzlich so etwas wie Angst. Die Polizisten legten ihnen Handschellen an und führten sie aus dem Bergfried. Baron von Brauneck folgte ihnen, die Kinder im Schlepptau.

„Wir müssen Sheila retten", drängelte Eugen.

„Nur mal langsam", bremste Baron von Brauneck, „ich denke, das kann André erledigen."

„Wir können ihren Falkner gerne mit zur Firma nehmen", schlug einer der Polizisten vor, „die Kollegen werden sich vor Ort um ihn und Sheila kümmern."

Baron von Brauneck ließ André kommen, der jedoch mit dem burgeigenen Fahrzeug den Polizisten folgte.

Eugen und seine Freunde versammelten sich in der Zwischenzeit um den großen Tisch im Wohnzimmer, auf den die Baronin leckere Butterbrote zur Stärkung gerichtet hatte. Vor Aufregung um Sheila konnte Eugen keinen Bissen essen. Bei jedem Geräusch sauste er ans Fenster, in der Hoffnung, André könne zurück sein. Tore, Milo und Lars mussten beinahe lachen, als Eugen wie von einer Tarantel gestochen aus dem Zimmer düste, als endlich ein Auto in den Innenhof fuhr.

„Kommt ihr mit?", fragte der Baron, „wir wollen mal sehen, ob mit Sheila alles in Ordnung ist."

Tore, Milo und Lars folgten dem Baron in den Innenhof. Dort war inzwischen ein weiterer Wagen vorgefahren, aus dem zwei Männer stiegen.

„Nanu, euch kenne ich doch", sagte der eine Mann und schaute zu Tore, Milo und Lars.

Es war der Kommissar, der ihnen nach ihrem letzten Abenteuer die Gutscheine für Burg Guttenberg geschenkt hatte.

„Dafür waren die Gutscheine allerdings nicht gedacht", lächelte er, „ihr habt der Polizei wieder einmal einen großen Dienst erwiesen. Die Verbrecher, die ihr gefangen habt, gehören tatsächlich zu der osteuropäischen Bande, hinter der wir seit langem her sind. Sie haben sich auf wertvolle Tiere spezialisiert, die sie teuer an Zoos auf der ganzen Welt verkaufen. Mit der Masche, bei einer Sicherheitsfirma auszuhelfen und die Alarmanlagen zu manipulieren, haben sie sich offensichtlich schon öfter Zugang zu ihrem Diebesgut verschafft."

Der Kommissar schüttelte den Kindern nacheinander die Hände und widmete sich dann Baron von Brauneck, dem er zahlreiche Fragen stellte. Eugen konnte nun endlich seine Sheila in Empfang nehmen, was der Vogel mit offensichtlicher Freude quittierte. Tore, Lars und Milo mussten lachen, wie Sheila mit Eugen schmuste. Als hätte der Vogel gewusst, dass er den Kindern seine Rettung verdankte, durften ihn Tore, Milo und Lars sogar streicheln.

Mehr zu Tore, Milo & Lars im Internet:
www.tore-milo-lars.de